鉄人社編集部【編】

知らなきゃよかった! 本当に

怖い都市伝説

都市伝説とは、実際にはなかった出来事がさも「本当に起きたかのように語られる話」だ。「友達の友達から聞いた」というお決まりの前置きが付くこの手の〝実話〟は昔は口伝えで、現在はネットを通じて拡散し、その過程で様々に形を変える。本書は、これを広く定義し、旧くから伝わる迷信・呪い・怪談、暗殺説・別人説、アニメや映画にまつわる不気味な噂を含む126本の都市伝説を取り上げた一冊だ。大半は噂の域を出ない。根拠も説得力も弱い。が、一方でその噂が確実にウソである保証もないことは知っておいてほしい。

鉄人文庫

第1章

身近な迷信

第2章 本当は怖い童謡・民謡

第3章 怪談伝承

第4章 呪いとジンクス

第5章 名作アニメ・映画の不気味な噂

第6章 戦慄の陰謀論

第7章 怖いエトセトラ

※本書掲載の情報は2022年7月現在のものです。

第1章

身近な迷信

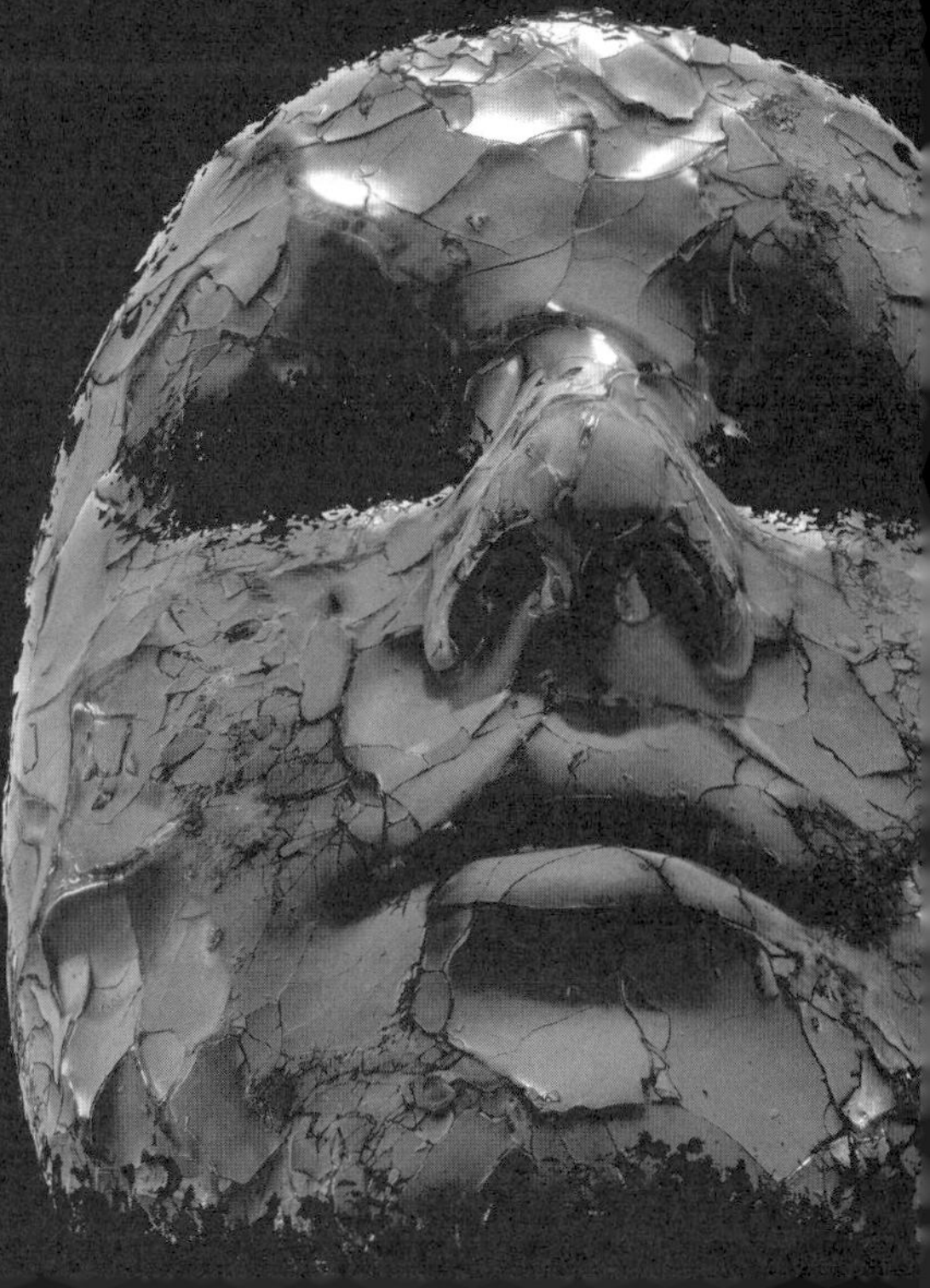

都市伝説

ソニー製品は1年間の保証期間終了直後に故障が頻発するよう意図的に作られている

巷で流れる「ソニータイマー」説は本当か？

一般に「ソニータイマー」と称されるこの都市伝説は「ソニーはその高い技術力を使い、製品の保証期間が過ぎるとすぐ故障が起こるよう、精密に製品寿命をコントロールしている」というものだ。当初は根も葉もない噂話と思われていたが、その後、多くの実例が報告されたことから噂が真実味を帯び、2010年、イギリスの『テレグラフ』誌は、「ソニータイマー」説が同社を20年間にわたって悩ませ続けていると報じている。

そもそもの発端は、海外製品との競争が、最も熾烈だった1970年代後半にソニーユーザーから「ソニーの製品は意図的に早く壊れるよう作成されている」との指摘があったことだ。しかし、この指摘は一蹴される。なぜなら、ソニーがわざと「不良品」を作っても、消費者に企業やブランドへの毀損・悪印象を植えつけるばかりか、他社製品への乗換え・買換えを促してしまうため、同社に何のメリットもないと考えられたからだ。

しかし、2006年、欠陥のあるソニーのバッテリーを搭載したアメリカのデル製ノートパソコン410万台がリコールとなったことから、いったん否定された噂が実は本当でないかとの声が上がり始める。また、同2006年2月、前年10月発売のソニー製の薄型テレビ「ブラビア」のリアプロジェクションテレビ「Eシリーズ」2機種に、視聴時間の累積が約1千200時間を超えると、視聴中に電源が切れないソフトウェアのバグがあることが判明。平均的な使用時間である1日3時間で計算すると、メーカー保証期間の1年がちょうど過ぎた頃に、1千200時間を超えるため「ソニータイマー」はますます真実味を増していく。

電機メーカーでは日立製作所に次ぐ売上を誇るソニー。写真はイメージ

これに対し、2006年6月、ソニー製パソコンVAIOの構築担当者が「〝買ってから1年1ヶ月で壊れるソニータイマー〟など埋め込まれているわけがない。だが、こうしたイメージはなぜか根強く残っている」と発言。また翌2007年6月の株主総会において、当時の社長は「品質、価格、供給の3点のバランスがたまたま崩れ、迷惑をかけることはある。『ソニータイマー』と言われていることは認識している」と述べた上で現在は「オペレーション上でも、不良を入れない、作らない、出さないということに力を注いでいる」と発言した。

果たして「ソニータイマー」は単なる都市伝説か真実か。疑念はまだ続いている。

都市伝説

高級車トヨタ・センチュリーは購入希望者に厳正な審査が行われる

初代センチュリーの複雑な構造が噂の発端

御料車や首相専用車など公用車として使われることも多いトヨタのセンチュリー。新車価格は最低でも1千208万円と、一般人がおいそれと購入できるものではない。そのグレードの高さゆえか、トヨタ・センチュリーは購入希望者に対し厳正な審査を行っているとの噂がある。

発端は、1967年に販売が開始され1997年にモデルチェンジされるまで30年間にわたって市場に出回った初代センチュリーの構造が複雑な機能を採用したためと言われる。エンジンはV型8気筒だが、排気量は3リッターと小さい。最高出力は150馬力(5千200回転)、最大トルクは24キログラム重(3千600回転)。滑らかに静かに回ることを重視し、アルミ製のブロックを使うことも特徴だった。フロントサスペンションはトレーリングアーム式で、日本初とされたエアサスペンションを採用するという、かなり凝った構造だった。そのため、「どういった使われ方をするのか」「誰が運転するのか」「定期的なメンテナンスを確実に受けられるのか」などの問い合わせが多数寄せられ、これが都市伝説の端緒になったと思われる。

結論から言えば、トヨタ・センチュリーは誰でも購入できる。が、2018年から販売されている現行型（UWG60型）の価格は1千996万円。申し込み時に手付け金100万円を支払うのが条件だ。当然ながら反社会的な人間の購入もNG。また、転売目的の業者にも販売されていない。

センチュリーには、他に「カタログが高価だから、購入する意思を示さないともらえない」という話もあるが、これも都市伝説である。基本、販売店に出向くか、ネットで請求すれば誰でも入手できる。ただし、ハードカバーでコストの高いカタログゆえ部数が少なく品切れになることも珍しくないようだ。

センチュリーを巡っては、さらに「交通違反をしても捕まらない」「無茶な改造をしているとトヨタに没収される?」などの噂が流布されているが、当然2つともデマだ。前者は要人が乗る特別仕様車のイメージから出てきた都市伝説。後者は日本が誇る高級サルーンのイメージを壊されないようトヨタが制限をかけているという単なる噂話に過ぎない。

2018年にフルモデルチェンジされた3代目センチュリー

どこに何を落としたかによって「5秒ルール」が成立する場合も

都市伝説

食べ物を床に落としても5秒以内なら菌に汚染されない

クッキーを食べているとき誤って、それを床に落としても、5秒以内に拾って食べれば大丈夫。なぜなら世の中には「5秒ルール」が存在し、細菌が床からクッキーに移動するまで約5秒かかるため、その時間内なら食べてもお腹を壊さない。ちなみに、これは大手飲食店やファーストフード店でも実施されているが、より安全性を高めるために「3秒ルール」を適用、料理を床にこぼしても、3秒以内なら皿に戻して客のもとへ運ぶようにしている――。

古くから存在する言い伝えだが、根拠はゼロに等しい。床に食べ物が接触した時点で細菌とともに汚れも移るのが常識。食べ物を落としたことを「もったいない」と思う気持ちや、落としたてで汚れが目立たないという見た目の印象から誕生した、単なる都市伝説に過ぎない。

ところが、近年の研究で「5秒ルール」に関して異説が出てきた。2003年、米イリノイ大学アーバナ・シャンペーン校で、当時高校3年生だったジリアン・クラークが「5

秒ルール」に関する疫学的調査を行った。まずはキャンパス中の様々な床のサンプルを採取して顕微鏡で調べたところ、床のかなりの部分がバクテリア菌を含んでいないことを発見。「乾いた床」なら落ちた食品は安全であると結論づけた。では、床が汚染された場合はどうか。クラークは研究室の荒い床と、つるつるした床の両方に大腸菌を広げ、グミキャンディーとクッキーを様々な時間置いてその付着状況を顕微鏡で調べた。結果、全ての食品において5秒以下の時間でも相当数の菌があることが判明。「5秒ルール」が迷信であることを証明してみせた。

一方、2014年、英アストン大学の細菌学者のアンソニー・ヒルトン教授らが行った実験では、特定の条件においては「5秒ルールは有効」との結果が出ている。教授らは、トースト、パスタ、クッキー、キャンディーを様々なタイプの床（カーペット、ラミネート、タイル）に3～30秒接触させて、大腸菌とブドウ球菌が付着するか否かを調査。その結果、床から食べ物への細菌の移動は接触時間によって左右されること、床のタイプによっても違いがあること、水気のある食べ物（パスタやキャンディー）の場合、接触時間が5秒を超えるとラミネートやタイルの床では細菌が移りやすく、カーペットの床では移りにくいとのことなどがわかった。

この研究は、拾われるまでの時間が食品の安全性に影響を与えることを実証したものだが、ヒルトン教授は「床に落ちたものを食べるのは、そのとき床にいた細菌の種類によってはリスクがある」としており、食べない方が安全と言えるだろう」と述べているそうだ。

都市伝説

確率としては十分ありうる話が伝説に

井の頭公園でボートに乗ったカップルはその後破局する

東京・吉祥寺にある井の頭公園でデートをしてカップルでボートに乗るとその後、その2人は別れることになるという都市伝説。こうした話は同公園のみならず、名古屋・東山公園の池、京都・嵐山の渡月橋付近の大堰川でボートに乗ってはいけない、大阪では天保山にある海遊館に行くと別れるなど、全国に存在する。

この理由は昔から様々な解釈がなされており、例えば井の頭公園にある弁財天は女性の神様なので、カップルに嫉妬して仲を引き裂くからだと言われたり、他にも行楽地ではどこも混雑するので、待っている間にイライラして喧嘩しがちになるから別れる可能性が高くなるとの指摘もある。

しかし、2020年1月27日付けの「プレジデント・ウーマン」に寄稿した経済コラムニストの大江英樹氏によれば、特定のデートスポットをめぐる都市伝説は、行動経済学と確率論で考えると明快に理解できるという。

今の世の中、1人と交際しただけで結婚したというケースは少ない。仮に5人の異性と付き合い、その中の1人と結婚したと仮定した場合、4人と別れたことになる。つまり付き合った人と別れる確率は80%、もし10人の人と交際したならその確率は90%に上がる。井の頭公園をはじめ、各地のいわゆる〝カップル破局スポット〟はいずれもその地域で有名なデートスポットなので、結婚せずに別れた人とも行った可能性は高い。であれば、この都市伝説が自分に当てはまると考える人がいても何ら不思議ではないというのが大江氏の見解である。

同氏によれば、このように冷静に確率論で考えるのではなく、印象や感覚的に判断してしまうことを行動経済学では「ヒューリスティック」と呼ばれるそうだ。よく考えてみれば当たり前の確率論でわかることでも、イメージや感覚で間違った結論を導き出す考えだ。井の頭公園に関する都市伝説は、ありがちな経験による思い込みにより誕生し、拡散された代物と言えるのかもしれない。

カップルで乗ると別れると噂される井の頭公園のスワンボート

都市伝説

IQが高い人は、勉強のできる頭が良い人

知能検査の結果は学力と直結しない

IQとは、知能検査の結果を表した指数で、平均値は100。約95%の人が70〜130の間に収まると言われている。IQが高ければ、当然頭が良い、学力も高いと考えがちだ。実際、IQ228でギネスブックにも記録されているアメリカのコラムニスト・作家・劇作家マリリン・ボス・サバントは、幼い頃からラテン語とギリシャ語の才能を見せ、6歳で7〜8桁の掛け算を筆算で行い、父親と古典ギリシャ語でジョークを交わし、8歳で微分積分を習得。長じてベルリン大学やプリンストン大学などの名門で教鞭をとる傍ら、アメリカ国防総省やCIAの顧問、原爆開発などにも関与し、20世紀科学史における最重要人物の一人とされている。

しかし、IQが高い、すなわち頭が良いと考えるのは誤りだ。そもそも知能とは何か、明確にわかっていないのだ。IQテストの創始者でフランスの心理学者、アルフレッド・ビネーの定義によると、知能とは「判断力、理解力、批判力、方向づけ、工夫する力」とされているが、もともとIQテストはこれから教育を受ける子供たちが勉強についていけるかどうか「環境への適応能力、基本的な精神力、推理力、問題解決能力」を測るもの。

人口上位2%のIQを持つ人たちが参加する国際グループ「メンサ」の会員を調査したところ、一般的なIQの持ち主より不安障害、アレルギー、喘息、自己免疫疾患などの症状を抱える可能性が高いとの報告もある。写真はイメージ

ＩＱテストの結果は、頭の良し悪しに直結していないのだ。「頭が良い」という言葉にも多くの意味がある。「計算が早い」「要領が良い」「記憶力が優れている」など、様々な場面で曖昧な印象のもと語られることが多い。「勉強ができるから頭が良いとは限らない」というよく耳にする言葉も同じ意味だ。学校の勉強はまるで駄目でも、てきぱきと仕事をこなしたり、頭の回転が速く弁の立つ人はいくらでもいることを考えれば「ＩＱが高い」＝「頭が良い」とは言えないのだ。

ちなみに、ＩＱは高いのに学業成績がパッとしない子は「アンダーアチーバー」と呼ばれ、素質を十分に活かしきれていないことを意味する。一方、ＩＱはそれほど抜きん出ていないのに学業成績が非常に良好な子は「オーバーアチーバー」と言われ、こちらは素質を十二分に活かしていることを意味する。

一つ言えるのは、学力にＩＱが関係しているのは間違いないとしても、ＩＱで測定される潜在的能力をどこまで発揮できるかには大きな個人差があるということだ。そうした個人差は、何によって生み出されるのか。明快な答えはない。

味に関係なく、EDの80%以上が喫煙者

都市伝説

メンソールのタバコを吸うと勃起不全になる

巷でまことしやかに語られる「メンソールタバコによる勃起不全」説。これには何か根拠があるのだろうか。

勃起不全（ＥＤ）は、満足な性行為を行うのに十分な勃起が得られないか、または維持できない状態が少なくとも３ヶ月以上続く性機能障害である。ＥＤは年齢とともに増え、40歳代では５人に１人、50歳代後半になると２人に１人と報告されている。その原因となるのが老化、心理的不安、ホルモン異常、うつ病、糖尿病、高血圧、飲酒、そして喫煙である。

タバコに含まれるニコチンには血管を収縮させる作用があり、勃起不全に限らず、全身の色々な血行障害の原因となる。陰茎海綿体というスポンジ状の組織に血液が入ってくることで膨張して硬くなるのが勃起の状態だが、タバコによって血管が収縮して正常な血流が妨げられると、十分な血液がいかず、ＥＤになってしまうのだ。事実、勃起不全の80％以上が喫煙者というデータもある。

ただし、この傾向はタバコの味とは関係しない。レギュラーでもメンソールでも喫煙すれば勃起不全の可能性は高まる。では、なぜメンソールだけが勃起不全と関連して語られるのか。これは、メンソールは清涼感を与えるため気分が冷静になりやすく、その相乗効果で勃起不全につながるという説が一般的だ。が、他にもこんな話がある。

今から半世紀以上前、戦後まもない日本では国内産業は壊滅的な状況でその中でもタバコのほとんどは輸入という状況で、国内産タバコの需要を上げるために、アメリカのタバコ（当時はメンソールタバコがブームだった）は日本人を種なしにする薬が含まれているというデマを国産タバコ業界が流したというのだ。また、ベトナム戦争時、アメリカ軍兵士の性欲処理は深刻な問題であり、軍が実験的に性機能を低下させる（性欲を低減させる）薬物をタバコに入れ、味をごまかすためにメンソールを入れていたという説もある。ベトナム戦争中、アメリカがＬＳＤやホモセクシャル誘発剤で相手の戦力を削ぐ化学兵器の開発に躍起になって７千５００万ドルもの巨額の金を投じていたことから十分ありうる話とも言われるが、やはりこれも都市伝説の域を出ない。

メンソールでなくとも、タバコを吸えばEDの危険性は高まる。写真はイメージ

都市伝説

コーラで歯が溶ける

コカ・コーラの成分は重役2人しか知らないという噂も

子供の頃、親に「コーラは歯が溶けるから飲んではないけない」と言われた人は少なくないだろう。昔は、コーラに抜けた歯を長時間漬け込む実験を行い、スポンジのようになった結果をポスターにして学校の掲示板などに貼り出すケースもあったほどだ。

歯の主成分はリン酸カルシウムとリン酸マグネシウムで、酸に溶ける性質を持っている。酸を含んだ液体に長時間浸けておけば溶けるのは当然のこと。だが、酸が含まれているのはコーラだけではない。ほとんどの炭酸飲料や、酢や果物、調味料、ヨーグルトにだって含まれ、稀に、黒酢を長年飲み続けた結果、歯の表面を覆うエナメル質が溶けたという症例もある。

ただし、通常はこうした飲食物が歯に触れているのは短時間で、しかも唾液の中和作用によって守られている。それこそ、口が渇く間もないほど飲み続けない限り、コーラで歯が溶けることはありえない。

こうしたコーラをめぐる都市伝説は、民間伝承（フォークロア）とひっかけて「コークロア」と呼ばれ、他にも数多く存在する。

例えば、コーラにはコカ・コーラ社が製造販売する「コカ・コーラ」と、ペプシコ社の販売する「ペプシコーラ」の2種類があるが、前者が民主党、後者は共和党と親しいため、「アメリカ合衆国大統領が代わると、ホワイトハウスのコーラも代わる」とする都市伝説。しかし、現実には、共和党出身の前大統領だったドナルド・トランプは毎日12本ものダイエット・コーク（コカ・コーラ）を愛飲しており、ホワイトハウスの執務室には、コークを運ぶ執事を呼ぶ赤ボタンまで設置されていたそうだ。

他にも、コカ・コーラ社は香料レシピを公開していないところから、それを知る人物は重役2名だけで、1名が突然事故などに遭遇しても存続するために2人が同じ飛行機に搭乗しないとする説。コカ・コーラの独特の「くびれ」のある瓶やボトルは、女性のボディーラインを参考にデザインされたものという説。サンタクロースはもともとの伝承では緑の服を着ていたが、コカ・コーラ社がCM（看板）でコカ・コーラのシンボルカラーである赤い色の服を着たサンタクロースを登場させたため、赤い服のサンタクロースが広まったとする説など種々様々あるが、いずれも噂の域を出ない。

コカ・コーラには多くの謎が囁かれている。写真はイメージ

都市伝説

血液型によって性格がわかる

科学的根拠ゼロ。ハラスメントに発展する危険性も

A型は几帳面、B型は気まぐれ、O型は大ざっぱ、AB型は個性的など、テレビやネット、雑誌では血液型による性格の特徴を紹介した番組や記事をよく見かける。日常でも「もしかして、○型?」「え、やっぱりわかる?」なんて会話がごくごく普通に交わされている。まるで、各血液型に固有の性格やキャラクターが存在するかのように。

血液型と性格の関係は、科学的に何の根拠もない。多くの研究者は「確実な証拠となるデータがない」としてその関連を認めておらず、心理学的にも、2014年に実施された日本とアメリカにおける1万例以上の社会調査データから、血液型と性格に意味のある因果関係はないと証明されている。そもそも血液型分類が流行っているのは世界でも日本と韓国くらいで、欧米では何の興味も持たれていないのが実情だ。

日本で血液型による性格診断や、その相性分析がブームとなったのは1980年代から。テレビやレコード、CM、書籍などで血液型に関連した作品が次々と発表され、一気に世の中に広まった。例えば捏造が話題となったTV番組「発掘!あるある大事典」(フジテレビ系)では、2004年2月からの1年間だけで、約70本もの血液型性格関連説

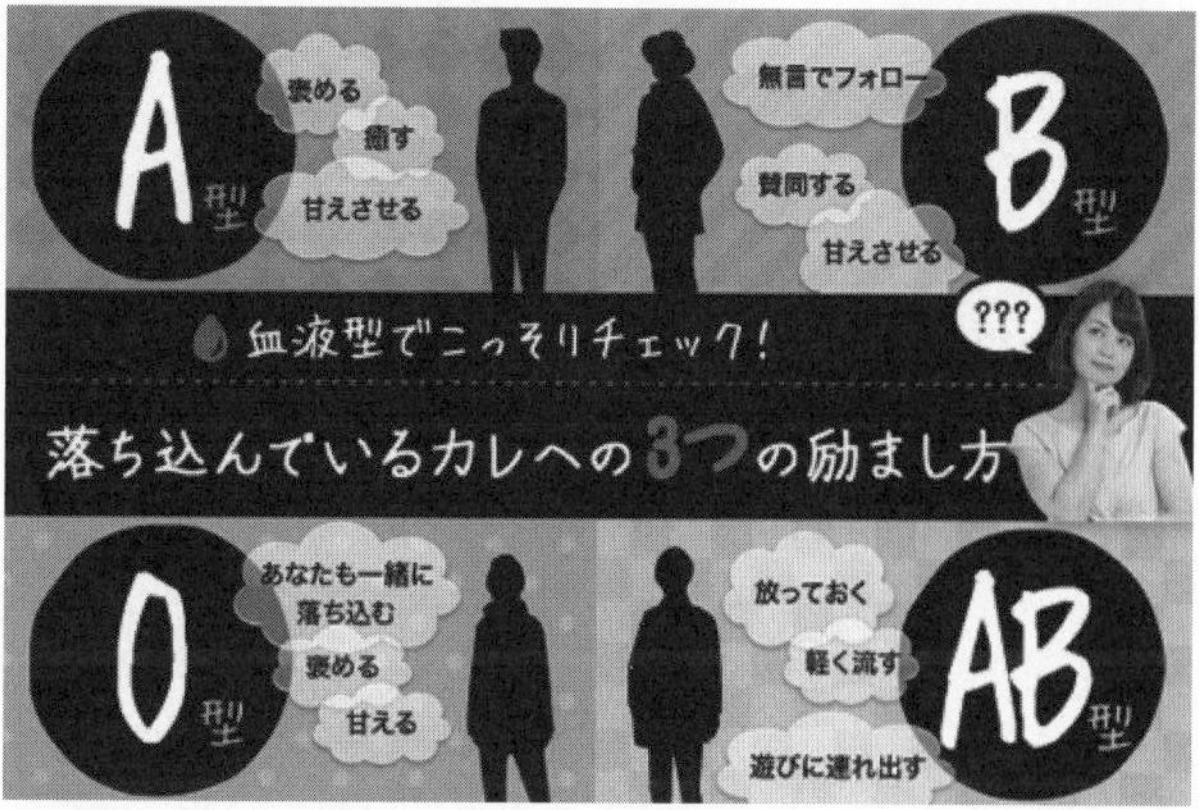

思わず信じたくなってしまうが……

に関する番組がオンエアされたというから、いかに世間の関心が高かったがよくわかる。

そして今も広く浸透する血液型性格分類は、社会問題にまで発展している。血液型による偏見から、学校や職場などでイジメや不当な差別が起きているのだ。近年、このような血液型で人の性格を判断し、相手を不快や不安な状態にさせる言動は「ブラッド・ハラスメント」と呼ばれ、採用試験の応募用紙に血液型の記入欄を設けた企業が、労働局から「血液型は、職務能力や適性とは全く関係ない」と改善の指導を受けた例もあるほどだ。

話題には持ってこいの「血液型性格分類」は単なる迷信、そして気づかぬうち人を傷つけている場合があることをお忘れなく。

都市伝説

恋をすると女性は綺麗になる

逆に老化が進むというショッキングな研究報告も

「恋をすると女性は綺麗になる」は、昔からよく聞く言葉だ。ニュースサイト「マイナビウーマン」が2019年に未婚女性に行ったアンケートでも、約9割が恋をすれば美しくなると思うと答え、具体的理由として「女性ホルモンが分泌されて肌ツヤがよくなる」「服装や料理など、基本的な女子力が高まる」「よく見られたいと思うことで意識が変わり表情がよくなったり、細かいところまでケアをすることで自信が持てる」などを挙げている。

確かに、好きな男性ができれば、その相手を意識し外見を綺麗に保とうとすることはあるだろう。が、それはあくまで本人の気持ちの問題。恋をすることで女性ホルモンが分泌されるという、いかにもな説も全くの迷信で、恋愛やセックスをしようがしまいがホルモンの増減には無関係だ。

さらに、この女性ホルモンに関しては、ショッキングな研究結果も発表されている。2016年9月、米ノースウェスタン大学の研究グループが、学術誌『カレント・バイオグラフィー』に掲載した報告書によると、男性が発するフェロモンに女性の老化を促進する作用が含まれているというのだ。

研究チームは、カエノラブディティス・エレガンスという透明な線虫を用い、「快適な研究室の中ではなく自然界に近い環境で、どのように動物が生殖をするか」を調べていた。が、彼らは思いもしなかった現象に目が釘付けになってしまう。オスの線虫が発する2つのフェロモンで、若いメスの性的成長が促進され、生殖の準備が整うことが確認されたという。

加えて、そのフェロモンは成虫のメスにとっては生殖系の衰退を遅らせ、より長く子孫を残せるようになる効果をもたらす一方、全身の老化を早めていることが判明する。マウスを用いた実験でも結果は同じ。研究チームは、このことから、人間を含めたほとんどの生物にも同様の作用が存在するのではないかと推測。同時に、今後の研究しだいでは、女性のアンチエイジングに劇的効果をもたらす新薬の開発や、妊娠の年齢的リミットを上げる画期的方法の発見にもつながる可能性があるそうだ。

言ってみれば、オスという存在そのものが、メスの性的成熟に一役買うと同時に、メスの老化を早める〝見えないスイッチ〟も握っていたということになる。これは「女性は恋をすると綺麗になる」という定説が証明されたように思えるが、実は真逆。生物学的にみれば、男性のフェロモンをキャッチすると女性の体は老けてしまうのだ。

老いを遅らせるには恋をしない方が賢明!?

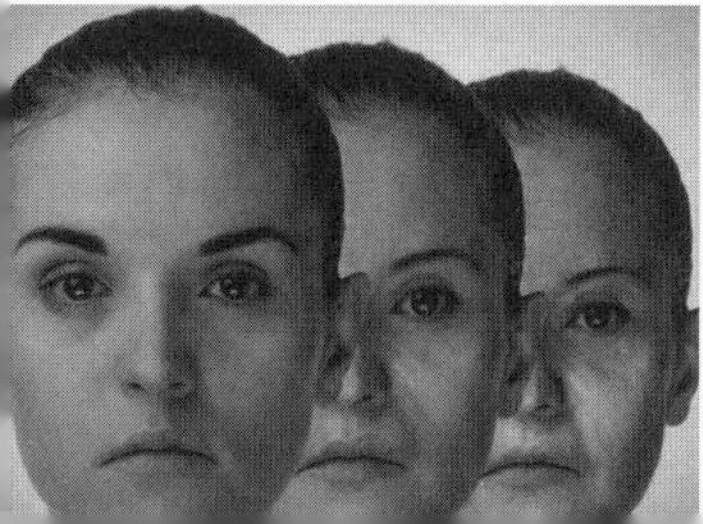

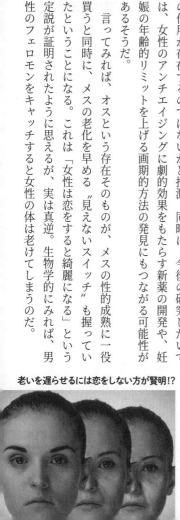

都市伝説

練炭自殺はラクに死ねる

手足のマヒ、頭痛、痙攣など、実は地獄の苦しみ

2021年3月16日未明、静岡県浜松市東区の中学3年の女子生徒が車で連れ回され、その後、同市天竜区の山間地のテント内で遺体が発見されるという事件が起きた。テントは粘着テープで目張りされていたとみられ、天竜署と県警捜査1課は未成年者誘拐の疑いで逮捕した福岡市在住の33歳の男が、テント内で女子中学生と練炭自殺を図ろうとした可能性も視野に入れ捜査。報道によれば、逮捕された男は捜査員が駆けつける直前に「自殺をしようと思ったが、自分だけ生き残ってしまった」などと110番していたそうだ。

この事件の被害者と加害者がどのように知り合ったかは定かではないが、2000年代初め頃から、インターネットを介して集まった自殺願望者が練炭で集団自殺を図る事例が多発している。理由は、「ラクで綺麗に死ねる」かららしい。

確かに飛び降りや、入水、鉄道、首吊り自殺に比べれば、体が損壊されることもなく、一酸化炭素中毒を起こした人の肌はピンク色になるため、一見、安らかに眠っているようにも見える。

昭和のドラマでは、自殺と言えば自宅でガスが定番だった。当時の都市ガスには、多い

ものでは10%もの一酸化炭素が含まれていたので、自宅でガス栓をひねれば確実に死ねた。が、現在は都市ガスの一酸化炭素はほとんどカットしただけでなく、特有の不快臭を含ませ安全性を高めてある。それを知らずに自殺を計ろうとガス栓を全開したところで、いつまでたっても苦しくならず、死ぬ気配がないため、思わずタバコを吸おうとライターで火を付け爆死したなんて、コントのような事故まであったとか。

同様に、車の排気ガスにも昔は多くの一酸化炭素が含まれていたため、排ガスを車内に取り込んで自殺するパターンも多かった。が、触媒の進歩によって一酸化炭素濃度は非常に低くなっており、もし排気ガス自殺を図れば、窒素酸化物など刺激性の強い成分で地獄の苦しみを味わうことになるそうだ。

練炭自殺も、要は一酸化炭素中毒の果ての窒息死である。苦しくないはずがない。練炭の不完全燃焼によって一酸化炭素濃度が上昇するに連れて末梢神経がマヒし、まず手足が動かせなくなる。その間には凄まじい吐き気と、酸欠による猛烈な頭痛が襲ってきて、やがて呼吸ができなくなる。

人によっては幻覚を伴う精神錯乱状態になったり、痙攣を起こしたり、失禁する場合も少なくない。肌がピンク色なのも死後30分ほどだけ。後はドス黒く、醜い姿をさらすだけ。ラクに死にたいのが目的なら、自殺を思い留まった方がよほど賢明だ。

都市伝説

扇風機をつけたまま眠ると窒息や低体温症などで死亡する

扇風機は室内の風を循環させているだけで温度を下げる機能はない

扇風機の風に当たり続けると健康被害が起きる。さもありなんと思わせる噂は、1920年代に朝鮮半島で電気扇風機が普及するのと同時に、吐き気、窒息、顔面麻痺などを引き起こすのではないかと懸念が広まったことに由来すると言われる。実際、韓国では今でもこの噂を信じている人は少なくないが、医学・科学的根拠はゼロに等しい。

そもそも扇風機は、あくまで室内の風を循環させるだけで、室温と湿度を下げる機能はない。ただ、熱帯夜などに扇風機に当たったまま寝てしまうと、体が冷やされることで体調が崩れたり、局所に長時間風圧のストレスを受けて気分が悪くなることはありうる。扇風機をめぐる都市伝説はこうした現象を極度に強調し、死亡と無理やり因果関係を結びつけたものと考えるのが正しい。

それでも、扇風機の風が原因の低体温症による死亡説、脱水症状を引き起こして死亡説は根強い。低体温症とはその名のとおり、何らかに外的要因により体温が下がり、34～32度で歩行不能、頻呼吸、意識障害。32度～30度で身体硬直、錯乱状態。30度以下になると意識低下が進み死が目前に来る恐ろしい病気だ。一般的には冬の登山での凍死などがイメージしやすいが、睡眠薬や鎮静薬の多飲、酒の多飲（急性アルコール中毒）、飢餓・路上生活、脳血管障害、低血糖、中枢神経障害など特殊な病気が引き起こす場合もあるので油断はできない。ただ、持病がない健康な人が、夏場に長時間扇風機の風を浴び続けても命に関わるほど体温が下がることはまずあり得ない。これに対し、多量の汗が蒸発する気化熱と扇風機の風で体温が奪われ、凍死寸前の体温に近い状態となり、最悪の場合は亡くなる可能性もゼロではない意見もあるが、そもそも低体温症になるくらいの寒さを感じたら、普通は目が覚めて眠るどころではなくなってしまう。

では、脱水症状による死亡説はどうか。夏場の脱水症状が現実的にアルコールが絡んでいる場合が多い。アルコールには利尿作用があり脱水症状を誘発するばかりか、飲酒脈拍数の増加による不整脈、体の水分が不足し、血液がドロドロになって脳梗塞や心筋梗塞を誘発する危険性を伴っている。よって、夏の風呂上りに酒を飲んで扇風機に当たりながら突然死などというケースは、扇風機のせいとするより、他の原因の方が高いと言えるだろう。

日本では1970年～1980年代を中心に、扇風機に関連した死亡例が新聞などで報じられ、1987年の毎日新聞では「都内では1986年にクーラー・扇風機が人を殺す例が5件あった」と書かれている。が、これは単に読者を煽った記事。扇風機の風が人を殺すことなどありえないが、長時間、風に当たることは決して望ましいことではなく、特に持病のある人は注意すべきだろう。

単なる言い伝え。死ぬことも発狂することもない

都市伝説

寝言に返事をしてはいけない

家族や恋人、友人が寝言を言ったとき、うっかり返事をしてしまい、青ざめた経験はないだろうか。「寝言に返事をすると（相手が）死ぬ」との言い伝えがあるからだ。

昔の日本人は、眠っている人は仮死状態になり、魂が体から抜け出し「黄泉の国＝あの世」に行っていると信じられていたという。よって、あの世にいる状態の人に返事をしてしまえば、魂と肉体が分離して、現実世界に戻れなくなる、つまり死んでしまうと考えられていたらしい。

さらには、返事をすると発狂してしまう説、寝言で会話をしたら話を終わらせた方が死んでしまう説、寝言に返事をすると寝ている人の脳が混乱して夢遊病になる説など、日本各地には迷信としかいえない言い伝えが無数にあったそうだ。

ちなみに現代科学では、寝言を言うのは眠りが浅く脳の一部が起きている状態と定義されており、そこに返事したところで大事に至ることはまずありえない。

寝言は眠りの浅い状態を示し、そこに声をかけると睡眠の質が低下するらしい

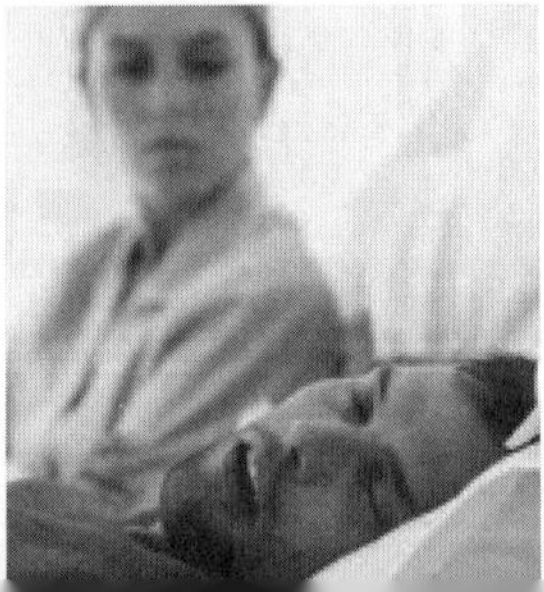

キリスト教圏で生まれた俗説にすぎない
「13」は縁起の悪い数字

都市伝説

日本人の多くが「13日の金曜日」を不吉と考えるのは、1980年の公開以来、通算10作も制作された映画「13日の金曜日」シリーズの影響だろう。ホッケーマスクを被ったジェイソンは殺人鬼の代名詞だ。

しかし実際に嫌われている「忌み数」といえば、死と苦を連想させる4と9。4号室や9号室などを避けるホテルやマンションは少なくない。逆に、昔から数え年で13歳を迎えた子供の祝いとして「十三参り」をするように、決して13は縁起が悪い数字とは考えられていなかったはずだ。

13を「忌み数」とするのはキリスト教圏で、イエスを裏切った弟子のユダが13番目の弟子だった説や、イエスが処刑されたのが13日の金曜日だったなどの説が基になっている。が、いずれも俗説で、聖書には「ユダは12人の弟子の1人」と書かれ、イエスが処刑された日の記述はない。

またアメリカも、建国時の州の数が13のため、当時は吉数とされたともいう。

映画「13日の金曜日」の影響も少なくない

都市伝説

視力低下の原因は「暗さ」よりも「距離」

暗い部屋で本を読むと目が悪くなる

「暗いところで本を読んじゃダメ」

子供の頃から何度も親に言われたセリフだが、結論から言えば、この説に医学的根拠はない。視力の低下には、暗さよりむしろ距離が重要である。

文部科学省が2016年に実施した調査によると、裸眼視力が「1・0未満」の小学生の割合は31・4%と過去最高を記録したという。近視の原因は「遺伝的要因」と「環境的要因」が主で、現在、最も大きい環境的要因は、テレビやスマートフォンを近くで見続けていることに他ならない。

近くのものを見つめ続ければ、目のレンズである「水晶体」を調整する機能を担っている筋肉「毛様体筋」が凝り固まり、水晶体の調整ができなくなってしまうのだ。

照明がなかった時代よりも現代の人の方が近視が多いのも、暗さが近視の原因ではないとされる理由の一つだろう。だからといって、暗い中で本を読んだりスマートフォンを見ても大丈夫というわけではない。暗い中で読んだり見たりすると焦点が合いにくく目が疲れるうえ、暗ければ必然的に本やスマートフォンを目に近づけざるを得なくなる。いずれにせよ、暗い中では読書やスマートフォン操作は避けた方がベターだろう。

都市伝説

よほど大量に摂取しない限り発症しない

「焦げ」を食べるとがんになりやすい

パンや魚は適度に焦げた方が美味いが…

食事中に焦げた肉や魚などを、なんとなく残していないだろうか。「焦げ」を食べるとがんになると、無意識のうちに刷り込まれているからだ。

実際、動物性タンパク質の焼け焦げからはアミノ酸の変化によって、発がん性が確認されている。が、問題なのはその量だ。焦げの中に含まれる発がん性物質は非常に少なく、体重の4倍以上の焦げ、つまり焼き魚に換算して100トン以上を1年間、毎日食べ続ければがんになるというレベルでしかない。

しかも人間の体には、発がん性物質や雑菌など、害のあるものが体内に入ると、自然に治癒する力が備わっている。ことさら焦げの影響を心配する必要はないのだ。

実は、「焦げ」より強烈な発がん性物質を含むものが存在する。タバコや、食道がヤケドするほど熱い食べ物は当然として、賞味期限切れのピーナツなど豆類が危ない。これらは、発がん性の強いカビがついている恐れがあるので食べない方が無難だ。

漢字の語呂合わせからきた迷信

都市伝説

友引の日に葬式をしてはいけない

「友引」に葬式をしてはいけないというのは、仏教とはまったく関係のない完全なる迷信にすぎない。

そもそも友引は、暦上の日を「大安・先勝・友引・先負・赤口・仏滅」という6種の吉凶日に分けた中国発祥の暦注「六曜」のひとつで、かつては「共引」と書き、先勝と先負の間の吉でも凶でもない「引き分けの日」を意味していた。それがいつの頃からか音が似ているために「友引」の字が当てられ、意味も漢字の語呂合わせに引っ張られて「凶禍や厄事に友人・知人を引き寄せる」と変化して広まってしまった。そのため、今もこの迷信を信じ、友引に通夜や葬式などの弔事を避ける地域は少なくなく、特に年配の人は信じる傾向にある。

ちなみに六曜は、戦後、カレンダーを売るため日付けの脇に書き込んだ、印刷会社の企業戦略である。

カレンダーに記された友引、大安などの「六曜」は、印刷会社が商売のために企画したもの

日	月	火	水	木	金	土
25 仏滅	26 大安	27 赤口	28 先勝	1 友引	2 先負	3 仏滅
4 大安	5 赤口	6 先勝	7 友引	8 先負	9 仏滅	10 大安
11 赤口	12 先勝	13 友引	14 先負	15 仏滅	16 大安	17 友引
18 先負	19 仏滅	20 大安	21 赤口	22 先勝	23 友引	24 先負
25 仏滅	26 大安	27 赤口	28 先勝	29 友引	30 先負	31 仏滅
1 大安	2 赤口	3 先勝	4 友引	5 先負	6 仏滅	7 大安

せいぜい髪が丈夫になる程度

都市伝説

海藻を食べると毛が増える

薄毛で悩む人に向け、ワカメに発毛効果があるとする説がある。が、これは完全な迷信。ワカメ、昆布、メカブ、ヒジキなどの海藻類を食べたところで、髪が生えたり増えたりする可能性は極めて低い。

海藻類にはミネラルやカルシウム、鉄分、亜鉛などの他、髪を生成する栄養素として欠かせないヨードが豊富に含まれている。これが「毛が生える、増える」と言われるようになった理由と思われるが、ワカメや昆布は薄毛改善に作用するわけではなく、あくまで生えている髪の毛を丈夫にしてくれる性質のもの。海藻類に増毛効果を期待しても虚しいだけだ。

ちなみに、脂肪分や塩分など、交感神経を刺激する食品の撮りすぎは、髪にダメージを与えると言われている。脂身の多い肉や魚、カフェイン飲料などの食べすぎ飲みすぎには注意が必要だ。

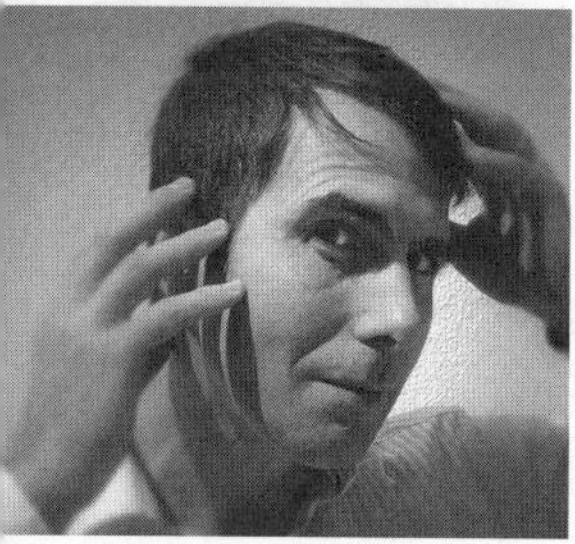

薄毛対策に昆布やワカメを積極的に摂っても無意味

100グラム当たり5キロカロリー未満なら表示OK

都市伝説

「ノンカロリー」はカロリーゼロ

スーパーなどで見かける「ノンカロリー」「カロリーゼロ」「カロリーオフ」といった飲料水や食品。消費者は当然、それらの表示があればカロリーが「ゼロ」だと思いがちだ。が、これは誤り。実際は微かながらカロリーを含んでいる。

ではなぜパッケージに堂々と「0キロカロリー」と表示しているのか？　これは食品に関する法律により「ノンカロリー」「カロリーゼロ」＝食品100グラム（ml）当たりの含有量5キロカロリー未満、「カロリーオフ」＝100グラム（ml）当たり20キロカロリー未満と定められているからだ。

つまり、500mlのペットボトルなら最大で24・9キロカロリーの熱量が含まれていても「ノンカロリー」と表示可能で、これはスティックシュガー2本分（1本3グラム）に相当。市販されている無糖の缶コーヒーは100グラムで4キロカロリー、緑茶も2キロカロリーと微量のカロリーが含まれている。

湯通し不要！水洗いしてサラダに和えるだけ
0kcal
【カロリーゼロ】
国内生産
要冷蔵
凍らせないでください

表示の仕方で意味も違う

運動や禁煙の方がよほど効果的

都市伝説

血圧を下げるには「減塩」が一番

塩分の摂りすぎは、脱水症状や骨粗しょう症、胃ガンの進行を早める可能性なども指摘されている

高血圧の人は、塩分を減らすのが最優先と言われる。確かに、食塩を摂りすぎて体液のナトリウム濃度が上がると、体はこれを薄めようとして水分をため込み、血液量が増え、血管にかかる圧力が高くなる。これが、塩分（ナトリウム）が血圧を上昇させる仕組みだ。

しかし、血圧を上げるのはナトリウムだけではない。喫煙や肥満、運動不足、過度な飲酒、睡眠不足、過度なストレスなどが大きく関係している。減塩より、これらの要因を軽減する方が、血圧を下げるには効果的なのだ。

塩分と血圧上昇には個人差があり、塩分の摂取量を減らしても血圧が下がらない人も少なくない。また近年は、肥満やメタボリック・シンドロームが原因の高血圧が急増しており、タバコをやめたり運動をしたりする方がはるかに有効と言われている。

だからといって「塩分は気にせず大丈夫」ということではない。摂りすぎには十分、気をつけたい。

イギリス空軍パイロットの逸話に尾ひれが

都市伝説

ブルーベリーは目に良い

「目に良い」と信じられているブルーベリー。実用書をはじめネットなどにも、ブルーベリー類に多く含まれる「アントシアニン」が眼を活性化して眼精疲労に効くと、もっともらしいことが書かれているが、実はこの話には全く根拠がない。

確かに、アントシアニンには抗酸化作用があり、アンチエイジングにも有効なことがわかっている。が、その効果を期待するなら安価なバナナやキャベツで充分だ。

では、なぜブルーベリーが目に良いとされたのか。ソースは、視力の良い英国空軍の爆撃手がブルーベリージャムを食べていたという逸話である。それに尾ひれが付き、いつのまにか定説となったのだ。

繰り返して言う。ブルーベリーが眼に良い説には、科学的な根拠も実験データもない。ネットやドラッグストアで売られているサプリメントを使用したところで、決して効果は期待できない。

アンチエイジングには有効らしい

酒の種類は無関係、二日酔いは量の問題

都市伝説

「ちゃんぽん」で悪酔いする

単に飲み過ぎが原因

飲み会などで、ビールに日本酒、焼酎と、いろいろな種類の酒を混ぜて飲むと悪酔いするとよく聞く。実際、二日酔いになった朝、いろんな酒を〝ちゃんぽん〟したからだと認識している人も少なくないだろう。がこれは、医学的にも生理学的にもまったく根拠のないデタラメである。

酒好きの方はご存じのとおり、同じ種類の酒ばかり飲み続けていると飽きてしまい、自然にピッチが落ちてある程度の酒量で止まる。対し、種類が変わると口当たりも変化し、たくさん飲めてしまう。結果、自分が飲んだ量がわからなくなり、最終的に摂取アルコール量が増え、悪酔いしやすくなってしまうだけのことなのだ。

逆に言えば、シャンパンで始めて、白ワインに赤ワイン、ブランデー、ウイスキー、日本酒、カクテルと、様々なアルコールを飲んでも、それが適量で、飲むスピードもゆっくりなら二日酔いにならない可能性は高い。

都市伝説

正しくは「その年に誕生した人の平均余命」

「平均寿命」は死亡年令を死亡者数で割ったもの

2020年7月、厚生労働省が発表した2019年の日本人平均寿命は男性81・41歳、女性87・45歳と前年に比べそれぞれ0・16歳、0・13歳延び過去最高を記録。男女合わせた平均84・2歳は香港に次ぎ世界第2位だ。逆に平均寿命が最も短い国はアフリカ南部の国レソトで52・9歳だった。

ところで、この「平均寿命」を年間で死亡した人の年齢を足し、その数で割った数値と考えている人は少なくないだろう。例えば40歳の日本人男性なら「平均寿命は81歳だから、普通ならあと40年近くは生きられる」と考えてしまいがちだ。が、これは大きな間違い。平均寿命は「生命表」という統計の指標の一つで、その算出法は極めて複雑。あくまで「発表されたその年に誕生した人の平均余命」に過ぎないことを知っておくべきだ。

日本の平均寿命は世界2位だが、自分も長生きできると考えるのは早計。写真はイメージ

第2章

本当は怖い童謡・民謡

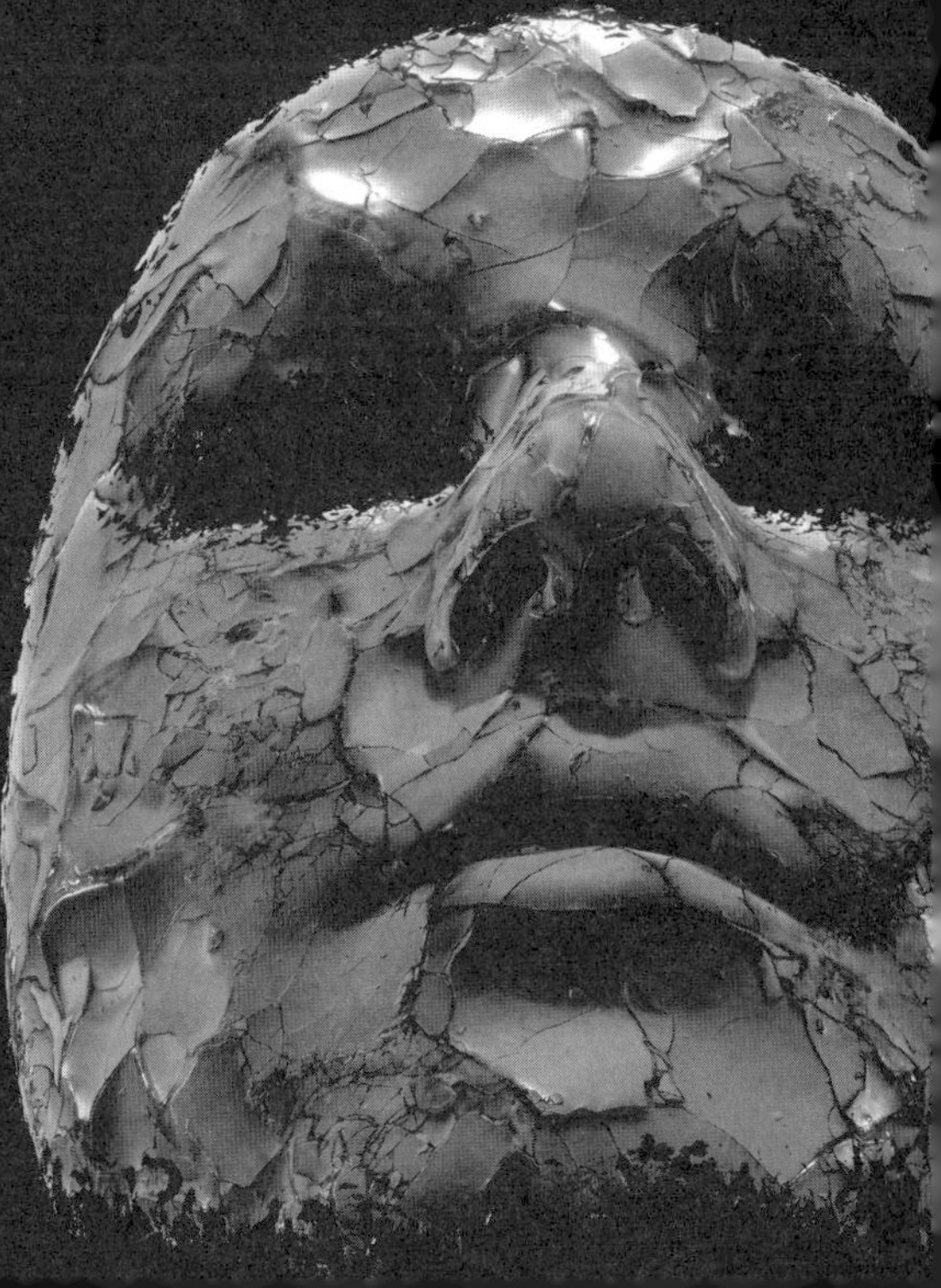

都市伝説

江戸子守唄

奉公に出された少女の辛い気持ちと、泣く子への憎悪

ねんねんころりよ　おころりよ
ぼうやはよい子だ　ねんねしな
ぼうやのお守りは　どこへ行った
あの山こえて　里へ行った
里のみやげに　何もろうた
でんでん太鼓に　笙の笛

江戸時代から始まって各地に伝えられ、日本の子守唄のルーツになったといわれている曲。歌詞を一見すれば、赤ん坊を寝かせつける際に歌った愛情溢れる内容に思えるが、実はこれ、なかなか寝ない子供への憎しみを表してるという説もある。

日本で古くから伝わる子守歌は大きく3種類に分かれている。子供を寝かせつけるときに歌った「寝かせ歌」、子供が遊ぶときに歌った「遊ばせ歌」、そして子守奉公に出た少

女たちが奉公先の赤ん坊に歌って聞かせた「守子歌」だ。

「江戸子守唄」に出てくる「ぼうやのお守り」とは、当時、裕福な商家などへ奉公に出されることが多かった貧しい農家出身の少女を指しているという。日がな、子守仕事に明け暮れる子守娘もまた、母親が恋しい子供の年齢にすぎない。子守や使い走りなど、奉公先の過酷な労働条件下で一生懸命働き、盆正月には心付けと、反物《たんもの》をちょっと持たせてもらい里へ帰ることができる。が、里では親から「こんなに良いものを頂いて、これからもきちんと勤めなさい」と激励され、また奉公先に戻るのだ。

そんな彼女たちが歌った子守歌には子供に対する愛情などはない。あるのは、自分の置かれた辛い環境から逃げ出したい気持ちと、泣く子への憎しみだけだったともいわれる。

子守をするのも、まだ年端のいかない子供だった。
写真はイメージ

クラスメイトだった男子2人が作ったという4番の歌詞が怖すぎる

都市伝説

サッちゃん

サッちゃんはね　サチコっていうんだ　ほんとはね
だけど　ちっちゃいから　じぶんのこと　サッちゃんって呼ぶんだよ
おかしいな　サッちゃん

サッちゃんはね　バナナが大好き　ほんとだよ
だけど　ちっちゃいから　バナナを　はんぶんしか　たべられないの
かわいそうね　サッちゃん

サッちゃんがね　遠くへ行っちゃうって　ほんとかな
だけど　ちっちゃいから　ぼくのこと　わすれてしまうだろ
さびしいな　サッちゃん

1959年10月、NHKラジオで初めて発表された童謡「サッちゃん」。児童文学作家の阪田寛夫が、南大阪幼稚園で出会った一つ年上の幸子という少女が転園したときの思い出をもとに作詞したものだ。が、この「サッちゃん」には次のような恐ろしい4番の歌詞があるという。

サッちゃんはね　線路で足を　なくしたよ
だからお前の　足をもらいに行くんだよ
今夜だよ　サッちゃん

1999年頃から出回った都市伝説によれば、北海道・室蘭で雪の降る凍えるような夜、下校途中だった桐谷佐知子ちゃんが踏切を渡ろうとしたとき、雪で隠れていた線路の溝に足がはまり、くじいてしまった。彼女は泣き叫び、必死でその場から逃げようとしたが、電車に轢かれ、体は胴のあたりで真っ二つに切断されてしまったという。

数年後、かつて佐知子ちゃんのクラスメイトだった男子2人が面白がって「サッちゃん」の4番の歌詞を作ったところ、3日後、彼らは足のない死体となって発見される。さらに、4番を歌うと、サッちゃんが深夜殺しにやって来て、両足と首を切り落とされてしまうという。これを避ける方法は、1時間以内にチェーンメールを送るか、バナナを近くに置いて寝るしかないそうだ。

都市伝説

「あの子がほしい」「相談しよう」は人身売買の意

はないちもんめ

勝ってうれしい　はないちもんめ
負けてくやしい　はないちもんめ

となりのおばさんちょっと来ておくれ　鬼がいるから行かれない
お釜かぶってちょっと来ておくれ　釜がないから行かれない
布団かぶってちょっと来ておくれ　布団破れて行かれない

あの子がほしい　あの子じゃわからん
この子がほしい　この子じゃわからん
相談しよう　そうしよう

童謡「はないちもんめ」のタイトルは漢字で「花一匁」と書く。「匁」とは明治時代に使われ、現在でも真珠の軽量などの使用される質量の単位で「一匁」が3・75グラムと規定されている。

　これを踏まえて「はないちもんめ」の歌詞を見ると、「勝ってうれしい」は「(花を)買ってうれしい」、「負けてくやしい」は「まけて(値切られて)悔しい」と理解できよう。また「あの子がほしい」は花を人に見立てており、続く「相談しよう」も値段交渉を暗示しているものと想像できる。

　ただ、この童謡をめぐる都市伝説では、「あの子がほしい」は、実際に「そこにいる子供をください」という意味と解釈されている。簡単に言えば「はないちもんめ」の歌詞は「人身売買」をテーマにしたものというのである。

　この歌が流行ったのは大正から昭和初期。当時、農村は慢性的な貧困に陥っており、女性が妊娠した場合、人減らしのため意図的に堕胎させる「間引き」や、父親が人買いを介して娘を売春宿などに売りさばき生活資金を得ることも珍しくなかった。童謡「はないちもんめ」に、こうした悲しい時代背景が反映されていたとしても不思議ではないだろう。

2組に分かれて歌を歌いながら歩きメンバーのやりとりをする「はないちもんめ」の遊び方

都市伝説

かごめかごめ

謎めいた歌詞から、遊女説、罪人処刑説、流産説が

かごめ　かごめ
かごのなかの　とりは　　いついつでやる
よあけのばんに　つるとかめが　すべった
うしろのしょうめん　だーれ

昔から伝えられる「かごめかごめ」は、その謎めいた歌詞から様々な憶測を呼んでいる。

一つは「かごのなかのとり」が遊女を表しているという説だ。昔は、貧しい家に生まれた女性が、遊郭に売りに出されることも珍しくなく、彼女らが遊郭という「籠」から足抜けできる日は来るのかと、自身を鳥にたとえて、その境遇

「かごめかごめ」は歌が終わり、「鬼」役が自分の真後ろ（つまり後ろの正面）に誰がいるのかを当てる遊びの際に使われた

を嘆いたというのである。

また、処刑場で斬首されている様子を子供が真似たという解釈もある。「籠の中の鳥」が牢屋に入れられた罪人、「いついつ出やる」は牢屋から出て処刑されるのはいつなのかと、刑執行におびえる罪人の心情を歌ったもので、最後の「うしろの正面だーれ」は、斬られた首だけが後ろを向いている様子を表しているのだという。

最も有力なのは流産説だ。なんでも「かごめ」は漢字で「籠女」と書いて妊婦を、「かごのなかのとり」は胎児、「いついつでやる」はいつ生まれるのかという疑問、「よあけのばん」は午前4時前後の時間帯か、胎児からみて臨月のことを表しているそうだ。本来、縁起の良いものの象徴である「つる」と「かめ」が「すべる」ということは悪い出来事、すなわち流産を指し、「うしろのしょうめん　だーれ」は「後ろから自分を突き落として流産させたのは誰か」と問うているらしい。ちなみに、後ろから突き落としたのは、嫁を嫌う姑という噂もある。

ちなみに「かごめかごめ」は各地方で異なった歌詞が伝わっていたが、昭和初期に作曲家の山中直治によって記録された千葉県野田市の歌が全国へと伝わり現在に至ったことから、野田市を発祥の地として、東武野田線の清水公園駅の前に「かごめの唄の碑」が建立されている。

人減らしのため子供を神社に捨てにいった母親と門番の掛け合い

都市伝説

通りゃんせ

通りゃんせ　通りゃんせ
ここはどこの　細道じゃ　天神さまの　細道じゃ
ちっと通して　下しゃんせ
御用のないもの　通しゃせぬ
この子の七つの　お祝いに　お札を納めに　まいります
行きはよいよい　帰りはこわい
こわいながらも　通りゃんせ　通りゃんせ

「通りゃんせ」は、江戸時代に歌詞が成立したと見られる童謡だ。神奈川県小田原市南町の山角天神社、および同市国府津の菅原神社や、埼玉県川越市の三芳野神社が舞台であるという説があり、共に発祥の碑が建てられている。一般には、２人の子供が向かい合って立ち両手を

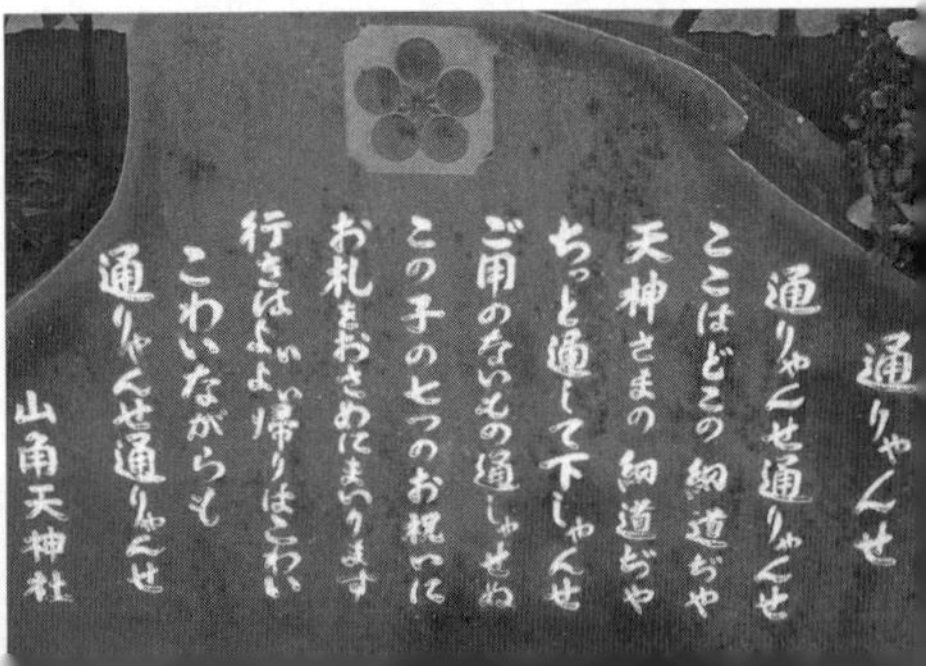

「通りゃんせ」発祥の地の一つと言われる神奈川県小田原市の山角天神社の碑

繋いで挙げ関所を作り、他の子供たちが列になってこの手の下をくぐっていく遊戯の歌、また、1990年代までは横断歩道の信号機から流れてきた物悲しいメロディとして知られている。

歌詞の解釈は様々で、関所の取り調べの厳しさを表したものとするのが一般的だが、他にも神様へ生贄として子供を捧げた、あるいは口減らしのため天神さまの境内に子供を捨てに行ったことを歌ったもので、歌詞は神社の門番と子供を連れた母親との掛け合いを表したものとする説もある。母親が門番に「天神様にお参りするのはいいが、帰りは暗くて危険だよ」と止められるが、母親は「それでもいい」と答える。なぜなら、子供は捨ててきたのだから帰りは自分1人だけというわけだ。この場合、「行きはよいよい」の「行き」は「逝く」を、「かえり」は「黄泉返《よみがえ》り」を意味しているのだという。

「帰りはこわい」という一節には、この歌が誕生した時代に子供が幼くして死ぬことも少なかったという事情が込められていると見る向きもある。当時は「7歳までは神の子」で、それを過ぎたら神の子ではなくなってしまうと信じられていたそうで、天神様に挨拶した帰りは「神の子」ではなくなる、つまり神様のご加護を離れてしまうので「こわい」というわけだ。

ちなみに、この「行きはよいよい　帰りはこわい」は、被差別部落への一本道を意味しているとする説があるため、東京では「通りゃんせ」を放送できるが、大阪ではNGとなっているそうだ。

男に何度も犯され井戸に身を投げ自害した女性の悲劇

都市伝説

ずいずいずっころばし

ずいずいずっころばし　ごまみそずい
茶壺に追われて　とっぴんしゃん
抜けたら、どんどこしょ
俵のねずみが　米食ってちゅう、ちゅうちゅうちゅうちゅう
おっとさんがよんでも、おっかさんがよんでも、行きっこなしよ
井戸のまわりで、お茶碗欠いたのだぁれ

昭和生まれの人なら誰もが一度は口ずさんだであろう童謡だが、歌詞だけ読むと意味がよくわからない。一般には歌詞に出てくる「茶壺」から、江戸時代、将軍家御用達の京都の宇治茶を江戸に運ぶ「お茶壺道中」と結びつけて解釈されているようだ。具体的には「胡麻味噌を摩っていると、お茶壺道中が来ると言うので、家の中に入って戸をピシャリと閉めて（＝とっぴんしゃん）やり過ごす。そしてお茶壺道中が通り過ぎるとやっと一息つけたのである（＝抜けたら、

歌詞に
出てくる「ねずみ」は男、
「米」は女性を意味しているという説が

どんどこしょ)。この騒ぎに、俵から米を取り出し、食べていた鼠が驚いてチュウと鳴いた、喉がかわいた子供たちが井戸に集り、争って水を飲んだのでお茶碗を割ってしまった」という内容である。

しかし、一方ではこの童謡が「強姦」を歌ったものとする説もある。注目すべきは「俵のねずみが　米食ってちゅう」の部分で、「米」は女性、「ねずみ」は茶壺道中の男を指しているのだという。つまり、男に食べられる=犯される、しかも「ちゅうちゅうちゅうちゅう」=何度も繰り返し強姦されるというわけだ。

江戸時代、不貞行為はどんな場合でも処罰の対象となっていた。特に、女性が夫以外の男性と性行為にいたった場合は、処刑。たとえ隠したとしても、未婚の場合は嫁にいけなくなってしまう。お父さんとお母さんが心配して呼んだとしても、出て行くことができない(いきっこなし)の歌詞に、嫁にいけなくなった娘の不幸が読み取れるという。さらに、最後の「井戸のまわりで、お茶碗欠いたのだぁれ」の一節に出てくる「お茶碗」は女性を、「かいた」は自害したことを表しており、歌詞の意味としては「誰にも言えずに井戸で自害してしまったのは、どの子だ?」となるそうだ。

では、なぜこのようなわかりくい歌詞をつけたのか。江戸期は、現在と比較すると考えらないほど男尊女卑が激しかった時代。女性の主張など誰も耳を持たなかったに違いない。ならば、意図的に意味不明の歌詞を書き女性の立場の弱さを伝えたのではなかろうか。作詞者不詳ゆえ、真意はわからない。

てるてる坊主

都市伝説

お経を唱えても晴れなかった坊主を斬首刑に

てるてる坊主　てる坊主　あした天気にしておくれ
いつかの夢の空のよに　晴れたら金の鈴あげよ
てるてる坊主　てる坊主　あした天気にしておくれ
わたしの願いを聞いたなら　あまいお酒をたんと飲ましょ
てるてる坊主　てる坊主　あした天気にしておくれ
それでも曇って泣いてたら　そなたの首をチョンと切るぞ

「てるてる坊主」は翌日の晴天を願い、白い布や紙で作った人形を軒先に吊るす風習で、1921年（大正10年）、雑誌『少女の友』に浅原鏡村作詞、中山晋平作曲による同名の童謡が掲載された。

てるてる坊主の風習は、平安時代に中国から伝わった。ただし、中国では「坊主」ではなく、箒《ほうき》を持った女の子、「晴娘」という名の少女にまつわる伝説がその起源といわれている。

遠い昔、中国の村が連日続く雨により水害に陥っていた。村に住む少女、晴娘は、雨の神である龍神に雨を止めてくれるよう祈った。すると、天上から龍神の妃になるならば雨を止めるという声が響き渡った。彼女はこれを承諾し、雨は無事に止め忽然と姿を消したという。人々は、切り紙の得意だった彼女を偲んで、紙で「掃晴娘《さおちんにゃん》」を作って吊るすようになったそうだ。

日本では江戸時代、庶民にてるてる坊主の風習が広がり、当初は若い娘が中心に行っていたが、しだいに男性僧侶が天候の祈祷をするようになり、歌の題名にも「坊主」が取り入れられたようだ。この歌詞で気になるのが3番である。「曇ったら首を切る」とは尋常ではないが、どうやら、そこにはこんな都市伝説があるという。

その昔、降り続く雨に困っていると、一人のお坊さんがやって来た。お経を唱えると必ず晴れることで有名なのだという。そこで殿様の前でお経を唱えたものの、次の日も雨は降り止まなかった。罰として、坊さんは首をはねられ、その首を白い布で包んで吊るしたところ、次の日はよく晴れたという。これが日本における、てるてる坊主の始まりなのだそうだ。

ちなみに、童謡「てるてる坊主」（原題「てるてる坊主の歌」）は、もともと4番まであったが、まるごと削除されている。その歌詞は「てるてる坊主　てる坊主　あした天気にしておくれ　もしも曇って泣いてたら　空をながめてみんな泣こう」というもので、残された3番より残酷さは乏しい。

戊辰戦争での倒幕を歌った説、飢饉で親に売られた子供たちの歌説も

都市伝説

あんたがたどこさ

あんたがたどこさ　肥後さ
肥後どこさ　熊本さ　熊本どこさ　船場さ
船場山には狸がおってさ
それを猟師が鉄砲で撃ってさ
煮てさ　焼いてさ　食ってさ
それを木の葉でちょいと隠せ

「あんたがたどこさ」は幕末から明治初期に生まれた、女の子が毬《まり》などをつきながら遊ぶ際に歌われる手毬唄だ。歌詞は問答形式で、熊本県熊本市が舞台と思われる。しかし、熊本には船場川はあっても船場山は存在しない。また熊本の人間が同郷の人間に細かく出身地を聞くのもおかしいし、問答も熊本弁ではなく関東弁であるのも不自然だ。

そこで唱えられているのが、このわらべ歌の舞台が埼玉県川越市の仙波山（仙波古墳群

歌詞の「狸」は徳川家康、徳川家を指すとの説もある

のある周辺一帯の別名）で、戊辰戦争（1868年～1869年＝慶応4年～明治2年。明治新政府を樹立した薩摩藩・長州藩・土佐藩らを中核とした新政府軍と、旧幕府軍および奥羽越列藩同盟との戦い）のときに、川越藩（埼玉県川越市）にある川越城近くの仙波山に駐屯していた熊本藩（肥後藩）出身の兵士と、近所の子供たち（遊女とする説も）との問答を歌にしたとする説だ。つまり、子供たちが「あんた方はどこから来たのさ」と聞き、兵士が「肥後さ」と答えているというわけだ。

注目すべきは、歌詞の後半、船場山にいた狸が猟師に撃ち殺されるくだりである。一説には、狸は埼玉県川越市の仙波東照宮に祭られた徳川初代将軍・家康を、猟師は新政府軍を指し、煮ても焼いても食えない古狸＝家康＝徳川幕府を、新政府軍が討ち倒し、それを木の葉でちょいと隠せ（戦に付随した数々の蛮行は封印してしまえ）と歌っているという。戊辰戦争時は「徳川幕府を討つ」と公言すること危険だったため、その意志を歌に隠したのではないかという解釈だ。

これとは全く異なり、飢饉で生活が苦しくなり、親に売られてしまった子供たちが互いの出身地を訪ねている様子が歌われているという説、さらには飢饉により食糧難となり、飢えた親が死んだ子どもを食べる様子を歌っているという説もある。いずれも根拠はないが、「あんたがたどこさ」がのんきな手毬唄でないことだけは確かなようだ。

3番の「柳の下で泣いているあのこ」はすでに死んでいる

都市伝説

あめふり

あめあめ ふれふれ かあさんが じゃのめで おむかえ うれしいな
ピッチピッチ チャップチャップ ランランラン
かけましょ かばんを かあさんの あとから ゆこゆこ かねがなる
ピッチピッチ チャップチャップ ランランラン

北原白秋作詞、中山晋平作曲による「あめふり」は、1925年（大正14年）、児童雑誌『コドモノクニ』に発表された童謡である。雨の日にじゃのめ（和傘）で迎えにきた母親と一緒に家路につく子供の心情を軽快なメロディで歌い、実にほほえましい。が、この楽しげな歌にも怖い都市伝説が囁かれている。問題は3番以降の歌詞だ。

あらあら あのこは ずぶぬれだ やなぎの ねかたで ないている
ピッチピッチ チャップチャップ ランランラン

かあさん ぼくのを かしましょか　きみきみ このかさ さしたまえ
ピッチピッチ　チャップチャップ　ランランラン

ぼくなら いいんだ かあさんの　おおきな じゃのめに はいってく
ピッチピッチ チャップチャップ　ランランラン

なんでも、1、2番は少女の視点で書かれているが、3番以降は少年の視点で「やなぎのねかたのあのこ（柳の下の少女）」の子のことを歌っており、少女は迎えに来ない母親を待っている間に事故に遭い3番の時点で死亡している（この世に存在しない霊）、あるいは母親が亡くなったことも知らずズブ濡れで迎えを待っているのだという。そして、一説には、母親が迎えにきた少年のことを妬み呪う少女の憎悪が、この歌の本当のテーマともいわれている。

ネットには、雨の日に学校で「あめふり」の3番を歌い始めると、少女の霊が現れ、見た者ににっこり微笑むという怪談が掲載されている。単なる都市伝説だが、噂が噂が呼び、一部地域では教師に「あめふり」を生徒に歌わせることを禁止している学校もあるそうだ。果たして、作詞の北原白秋にどんな意図があったのか、今となっては謎のままだ。

都市伝説

七つの子

「七つの子」は何を意味しているのか？

からす　なぜなくの　からすは山に　かわいい七つの　子があるからよ
かわいい　かわいいと　からすはなくの　かわいい　かわいいと　なくんだよ
山の古巣へ　行ってみてごらん　丸い目をした　いい子だよ

「七つの子」は1921年（大正10年）、雑誌『金の船』に発表された野口雨情作詞、本居長世作曲の童謡である。この歌ではタイトルの「七つの子」が何を意味するのかが、古くから謎とされてきた。

素直に考えれば、7羽の雛カラス、もしくは7歳のカラスと捉えられるだろう。が、鳥類学博士の清棲幸保によれば、カラスは7羽もいちどきに育てず、せいぜい雛は4羽くらい。また、カラスの寿命は5年から7年で、7歳のカラスを「子」と呼ぶのは不自然だという。対して、言語学者の金田一春彦は「7歳」というのは古来伝統的に子供時代のど真ん中の意味であり、母親が子供に「カラスにも山におまえと同じ7歳の子がいるのよ」と教えることは自然であると主張した。

こうした論争に対して作詞の野口雨情は「7羽でも7歳でも、歌ってくださる方が納得すれぱそれでいい」と答えている。しかし、その言葉とは裏腹、彼は「七つの子」を発表する15年前の1907年(明治40年)、雑誌『朝花夜花』に、この歌詞の原型になったとされる「山烏」という詩を発表している。

からす　なぜなく　からすは山に
かわいい七つの　子があれば

ここでも雨情は、7歳とも7羽とも取れる表現を使い、さらにその5年前に発表した創作おとぎ話『小蝶物語』には次のような一節を書き記している。
「京ちゃんと言う、今年七歳になります可愛らしい児が、平常のやうにお裏のお山で遊んでおりますと」「七歳」の文字には「ななつ」というフリ仮名が付けられており、それが人間を示すことは明白。こうしたことから「七つの子」は人間の7歳と推察できよう。

雨情は茨城県多賀郡磯原町(現・北茨城市)出身で、親戚筋は常磐炭鉱を創設した人物にも近かった。当時、過酷な炭鉱で労働に就く男たちは「カラス」と呼ばれていたそうだ。こうした世界を見て育った雨情が、カラスたちがきつい炭鉱仕事に耐えているのも全て自分の可愛い子供たちのため、という思いを込め「七つの子」を作ったのではないかとの解釈もなされているそうだ。

ロンドンを襲った恐怖の感染症、ペストを歌に

都市伝説

バラの花輪だ 手をつなごうよ

バラの花輪だ 手をつなごうよ ポケットに 花束さして

ハックション！ ハックション！ みいんな ころぼ

英語圏の子供たちの間で古くから伝承されてきたわらべうたは「マザーグース」と称される。この「バラの花輪だ 手をつなごうよ」も子供たちが輪になって手をつなぎながら口ずさむマザーグースとして有名だ。が、この可愛らしい歌詞にはかつて世界中を恐怖に陥れた病・ペストに関するキーワードが散りばめられているという説がある。

新型コロナウイルスによって最近注目を浴びているペストはペスト菌による感染で、いったん感染すると皮膚が内出血して紫黒色になるので黒死病とも呼ばれる。これまで複数回の世界的パンデミックが記録されており、14世紀に起きた最

ペストによって死体の山ができた街を描いたヨーロッパの絵画

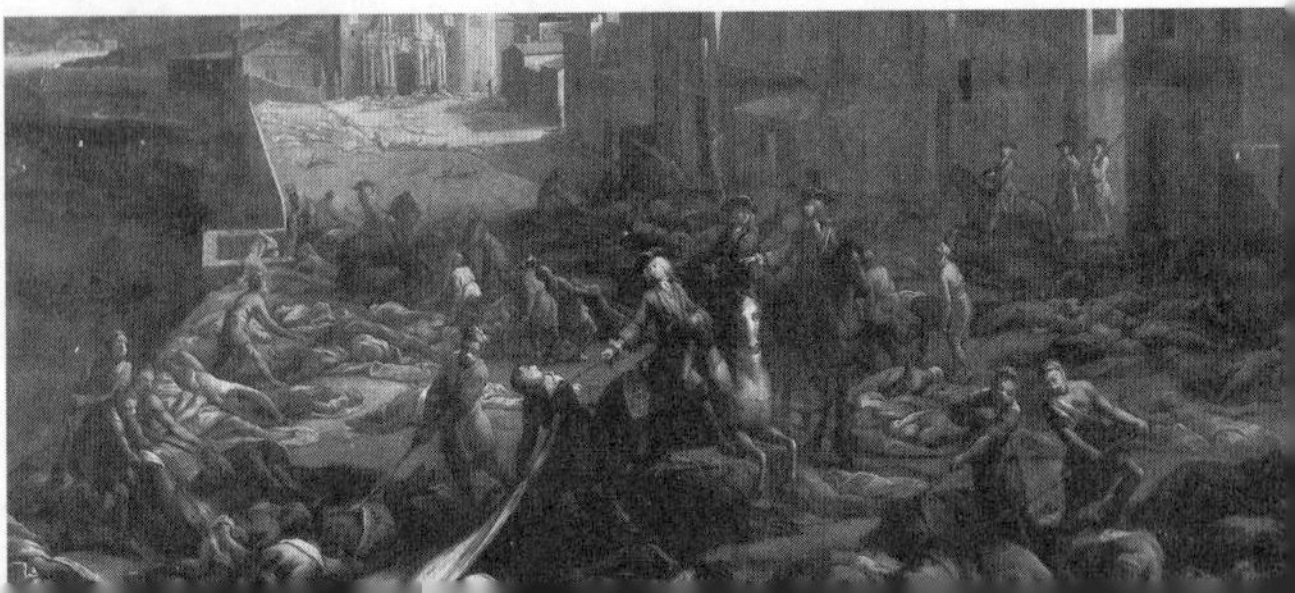

大のパンデミック大流行では、当時の世界人口約4億5千万人の22％にあたる1億人が死亡。そのまま18世紀末まで続いたとされる。

「バラの花輪だ」はイギリス・ロンドンでペストが猛威をふるっていた18世紀半ばのパンデミックを歌ったものだという。具体的には、歌詞の「バラ」はペストの症状の赤い発疹、「花輪」はペストの感染者が感じる口の周りのヒリヒリとした痛み、「花束」はペストを防ぐための薬草の束、「ハックション！（くしゃみ）」は病気の末期症状、そして最後に「みぃんなころぼ」はペストによって多くの人が倒れた、つまり死亡したことを意味するそうだ。

イギリスの作家ダニエル・デフォーが、ペスト大流行について語った『黒死病の年の記録』（1722年）によると、その年、ロンドンだけで約10万人が死亡。恐怖に駆られ集団的な妄想に走る人々や、彼らの弱みにつけこんだ悪徳商法、怪しい占術師が数多く出現したそうだ。人々は謎の感染症の恐怖を打ち消すように、わざと愉快な歌を口ずさみ現実から逃げたのかもしれない。

一方で、この歌詞が初めて文献に登場するのが1881年であることから、ペストとは無関係と見る向きもある。マザーグース研究家のオーピー夫妻によれば、その起源は「五月祭」（毎年5月1日）ヨーロッパ各地で歌われたバラの花が出てくる輪遊び唄だという。

歌詞の背景に先住民族を皆殺しにした米軍の蛮行が

都市伝説

10人のインディアン

1人　2人　3人のインディアン　4人　5人　6人のインディアン
7人　8人　9人のインディアン　10人のインディアンボーイ
10人　9人　8人のインディアン　7人　6人　5人のインディアン
4人　3人　2人のインディアン　1人のインディアンボーイ

1868年、アメリカの作曲家セプティマス・ウィナーにより初めて発表された際、歌詞は1番だけだった。が、翌年、イギリスの作詞家フランク・グリーンによって2番の歌詞が付けられ、これが広く世に出回ることになる。右に掲載したものは日本語で歌う際の意訳で、原文の直訳は以下のとおりだ。

一列に並んでいた10人の小さなインディアン　1人おうちに帰って9人になった
ブランコに乗った9人の小さなインディアン　1人落っこちて8人になった
空の下幸せそうな8人の小さなインディアン　1人眠って7人になった

いたずらをしていた7人の小さなインディアン　1人首の骨を負って6人になった
皆生きていた6人の小さなインディアン　1人くたばり5人になった
穴蔵を覗いていた5人の小さなインディアン　1人落っこちて4人になった
浮かれていた4人の小さなインディアン　1人酔いつぶれて3人になった
カヌーに乗った3人小さなインディアン　1人水に落ちて2人になった
銃をいたずらしていた2人の小さなインディアン　1人撃たれて1人になった
寂しそうにしている1人の小さなインディアン　彼は結婚して　そして誰もいなくなった

なんとも残酷な歌詞だが、グリーンがこれを作る背景にあったのが1864年11月29日に米コロラド州で起きた「サンドクリークの虐殺」という説がある。先住民族インディアンの撲滅を目論んでいた米軍が、無抵抗のシャイアン族とアラパホー族インディアンの村を襲撃し、性別年齢問わず住民を皆殺しにしたおぞましい事件で、グリーンはこの蛮行を歌詞で痛烈に批判したといわれる。ちなみに、アガサ・クリスティの名作ミステリー『そして誰もいなくなった』（1939年刊）はこの歌をヒントに書かれたもので、作中にも登場。初版こそグリーンの詞が使われていたが、版を重ねるうち改変が行われ、最終的にクリスティオリジナルの詞となった。「10人の小さな兵隊さん」とタイトルが付けられたクリスティの歌詞では、最後1人になった兵隊は首を吊って自殺することになっている。

都市伝説

ドナドナ

迫害の憂き目に遭った多くのユダヤ人に捧げる挽歌

ある晴れた　昼さがり　いちばへ　続く道
荷馬車が　ゴトゴト　子牛を　乗せてゆく
かわいい子牛　売られて行くよ　悲しそうなひとみで　見ているよ
ドナ　ドナ　ドナ　ドナ　子牛を　乗せて
ドナ　ドナ　ドナ　ドナ　荷馬車が　ゆれる

1961年、アメリカの歌手ジョーン・バエズが歌い世界的に大ヒットした「ドナドナ」。右は作詞家の安井かずみが歌詞を付けた日本語バージョンで、岸洋子や山口百恵などが歌ったことでも知られる。

ネットでは、牧場から市場へ売られていくかわいそうな子牛を歌っていることから、ユダヤ人がナチスによって強制収容所に連行・虐殺されたホロコーストの様子を子牛に見立てた反戦歌とする説があるが、そもそも本曲はユダヤ系アメリカ人アーロン・ゼイトリン（1898年）が1938年に作詞したもので、その詞は次のように和訳されている。

縛られた悲しみと　子牛が揺れて行く　ツバメは大空　スイスイ飛び回る
風は笑うよ　一日中　力の限り　笑っているよ

ダナダナダナダナ　ダナダナダナダン　ダナダナダナダナ　ダナダナダナダン

ホロコーストが始まるのは1942年。その4年前に作られた詞がユダヤ人虐殺を意味していると捉えるのは完全な誤りだ。しかし、一方でこの曲がユダヤ人の悲劇を歌ったことも事実といわれる。

東欧ベラルーシで生まれ、一時期ワルシャワにも住んでいたゼイトリンは1939年9月1日にナチス・ドイツによるポーランド侵攻が開始される少し前の同年3月に米ニューヨークへと移住、市民権を得た。移住には「ポグロム」（ロシア語で「破滅・破壊」の意）の影響があるとされる。これは19世紀後半から1900年代前半に吹き荒れたユダヤ人に対する集団的迫害行為で、ロシア帝国や東ヨーロッパ諸国などで不当な扱いを受けた多くのユダヤ人が故郷を離れていった。

こうした歴史的経緯から、アメリカには多くのユダヤ人が流れ込み、イディッシュ（中東欧ユダヤ文化）語劇というカルチャーが誕生する。ゼイトリンもそれに大きく携わった1人で、彼の書いた「ドナドナ（ダナダナ）1940年から1941にイディッシュ語ミュージカルに使われた。ホロコーストは経験せずとも、ポグロムは自身の記憶に強烈に刻まれてであろうゼイトリンが、ユダヤ人への虐待を「ドナドナ」の歌詞に込めたことは十分ありうるだろう。

原曲は鉄道建設の過酷さとセックス願望を歌詞に

都市伝説

線路は続くよ　どこまでも

線路はつづくよ　どこまでも　野をこえ　山こえ　谷こえて
はるかな町まで　ぼくたちの　たのしい旅の夢　つないでる

明るく楽しい汽車旅を歌った「線路は続くよどこまでも」。右の歌詞は1962年、NHKのディレクターだった佐木敏が書き、同局「みんなのうた」で紹介されたものだ。が、もともとは1863年から始まったアメリカ大陸横断鉄道建設に携わったアイルランド系の工夫たちによって歌われ始めたもので、日本でも「線路の仕事」という曲名で、1955年、以下の訳詞が付けられた。

線路の仕事は　いつまでも　線路の仕事は　はてがない
汽笛のひびきが　なりわたれば　親方はさけぶ　ふきならせ
つらい仕事でも　しまいには　つらい仕事でも　はてが来る
汽車のひびきが　なりわたれば　つるはしをおいて　息たえる

おなじみの歌詞とは全く異なる、線路仕事の過酷さが歌われている。最後の「息たえる」も決して大げさではなく、工程を速めた関係で保安問題が軽視され、作業に駆り出された多くの外国人労働者（アイルランド人移民、中国人移民、モルモン教徒などの貧困層）が人柱のように犠牲になったそうだ。「線路の仕事」の訳詞は、厳しい労働環境を歌ったという意味では正しい。が、原曲にはさらに別の意味も込められているという。

俺は線路で働いている　まる一日中だ
俺は線路で働いている　あっという間に時間が過ぎてゆく
警笛が鳴り響くのが聞こえるだろ　こんな朝っぱらから起きろってさ
親方の叫び声が聞こえるだろ　ダイナ、ホーンを吹き鳴らせってさ
ダイナ、吹き鳴らしてくれ　ダイナ、吹き鳴らしてくれ　お前のホーンを
ダイナ、吹き鳴らしてくれ　ダイナ、吹き鳴らしてくれ　お前のホーンを

「ダイナ」は列車名で、「ホーンを吹き鳴らせ」は汽笛を鳴らせ、と捉えられるが、実はダイナ＝女性名、おまえのホーンを吹き鳴らせ＝俺の股間部のリコーダー（ペニス）をしゃぶれ、という解釈もあるそうだ。過酷な環境ゆえ、彼らが女性にストレスのはけ口を求め歌ったと考えてもなんら不思議はない。

「マイ・フェア・レディ」は誰を指しているのか?

都市伝説

ロンドン橋落ちた

ロンドン橋落ちる　落ちる　落ちる
ロンドン橋落ちる　美しいお嬢さん

イギリスの童謡「マザーグース」の中でも最も有名な歌が、１７００年代前半に作られたとされる「ロンドン橋落ちた」だ。内容は右の歌詞に続き、レンガ、モルタル、鉄、スチール、金、銀などいろんな材料で新しい橋を造ろうとする様子が歌われるのが一般的だが、歌詞の意味には謎が多い。

ロンドン橋は、ロンドン・テムズ川に架かる橋梁《きょうりょう》である。最初は西暦46年に架けられた木製のもので、幾度かの架け直しを経て、現在は１９７３年

大火事のあった1616年当時のロンドン橋（右）と、1973年に架け替えられた現在のコンクリート橋

竣工のコンクリート橋が使われている。その2千年近い歴史の中で、歌に出てくるような「橋が落ちた」のは、嵐で崩壊した１０９１年のみ。ヘンリー2世時代の１２０９年に石造りの橋が完成してからは、橋の崩壊はなくなり、１８３１年に架け替えられるまで６００年以上も保持されている。もっとも、橋の上に立ち並ぶ礼拝堂や民家・商店が時折、火事に見舞われ焼失したことがあったのも事実で、特に１６６６年に起きロンドン市内の約9割を焼き尽くした「ロンドン大火」ではロンドン橋も通行不能となった。こうした出来事を、橋が「落ちた」と歌ったのではないかとされる。

また、１０１３年、デンマーク王のスヴェン1世（ノルウェー王も兼務）がイングランド遠征の際、戦列に加わっていたノルウェーの前王家の王族であるオーラヴ（後のノルウェー王オーラヴ2世）にロンドンの攻略を命じ、このときオーラヴ2世は守兵が立て籠もるロンドン橋にロープをかけ、軍船で引っ張り落としたという史実を基にしているという説も有力だ。実際、この出来事を記した古代スカンジナビアの冒険談『ヘイムスクリングラ』の翻訳版が１８４４年に発表された際、そこに収められた歌詞の1行目と「ロンドン橋」の1行目の文言が類似し

ていたそうだ。しかし、同書の翻訳が発表された時点で「ロンドン橋」の歌詞は完成されていたため、翻訳者が意図的に似た文言を詞に取り入れたのではないか。さらには、オーラヴ2世によるロンドン橋襲撃自体がなかったのではないかと見る向きもあり、真偽は定かではない。

歌詞で最も解釈が分かれるのは「美しいお嬢さん=マイ・フェア・レディ」が誰を指しているのかとう点だ。一つは、イングランド中部の州ウォリックシャーの貴族であったリー家の婦人がモデルではないかという説である。家を建て替える際にこの婦人は建材などに色々と注文を出したり、工事中に人を埋めた、つまり「人柱」を作ったとも言われる。その役目はそこに埋められることによって橋を永遠に守ることだという。

他にも、ロンドン橋の建設の責任者だったヘンリー1世の王妃マティルダ・オブ・スコットランド（1080－1118）とする解釈、1269年から1281年ぐらいまで橋の収益に関して権限を持っていたヘンリー3世の王妃エリナー・オブ・プロヴァンスではないかという説も存在する。その一方で、「マイ・フェア・レディ」は人物ではなく、ロンドン橋のあるテムズ川に注ぎ込むリー川（リバー・リー）を指すとする見解もある。が、リー川がテムズ川と合流するのはロンドン橋よりも下流のため、この説も信憑性は低いとの意見もある。

世界中で無邪気に歌われるこの童謡には、多くの噂と疑念が隠されている。

第3章 怪談伝承

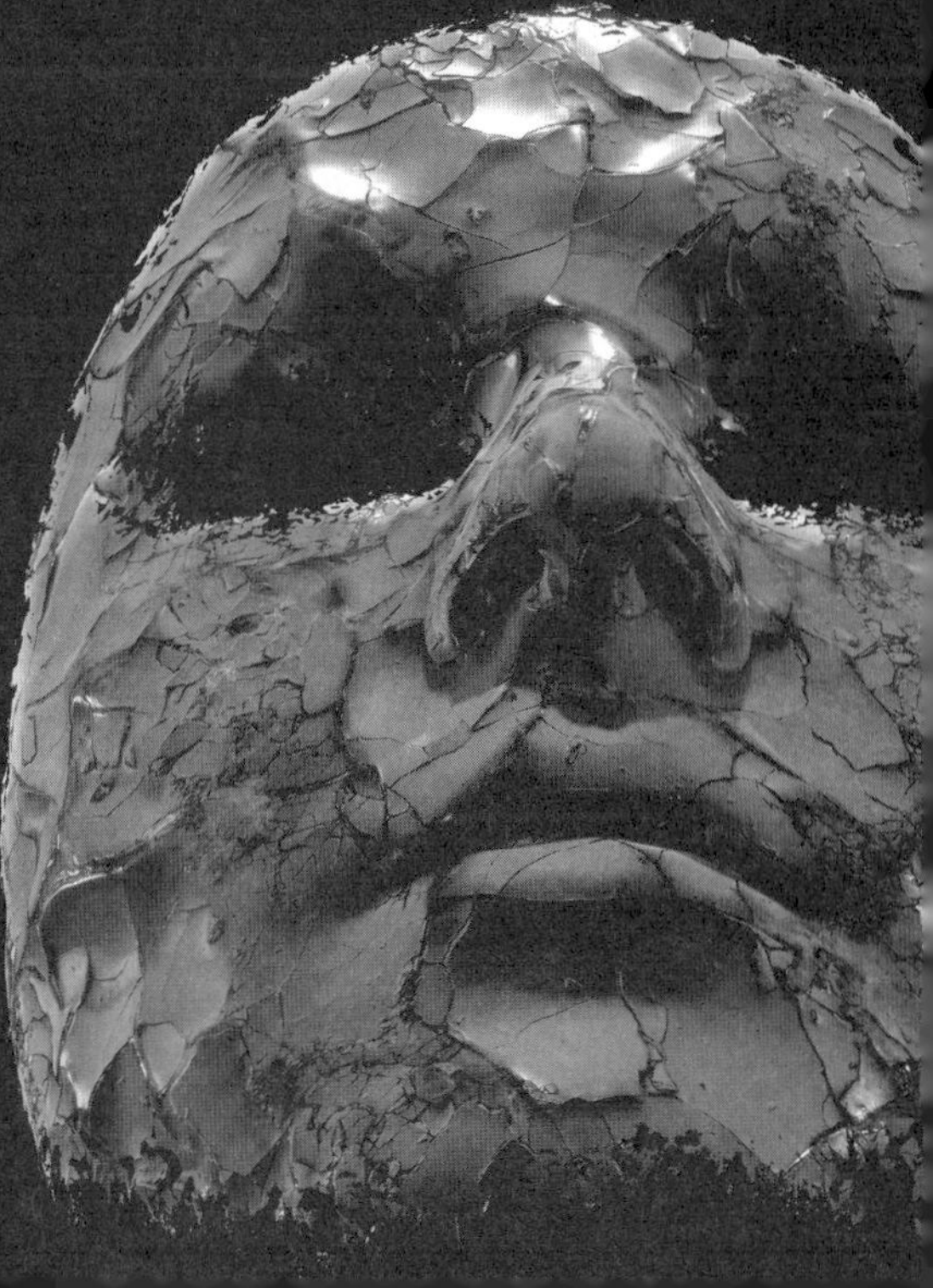

都市伝説

電気をつけなくてよかったな

連続殺人鬼テッド・バンディの犯行で拡散したホラー

2000年代、インターネットでこんな話がまことしやかに流れた。

ある女子大生が先輩のアパートで行われた飲み会に参加したときのこと。飲み会が終了した後、彼女はアパートを出たが、携帯電話を忘れたことに気づき、先輩の家に引き返した。呼び鈴を押しても反応がなかったため、ドアノブを回したところ鍵はかかっていない。彼女はそのまま中に入っていった。

部屋の中は電気がついておらず真っ暗で、どうやら先輩はもう寝てしまったらしい。電気をつけて起こそうかとも考えたが、先輩がかなり酔っていたのを思い出してやめておき、真っ暗な中で自分の携帯電話を探し出すと「忘れ物をしたので取りに戻りましたー」とひと声かけて部屋を後にした。

翌日、彼女が先輩のアパートの前を通りかかると、なぜか大勢の警官が集まっている。事情を聞いて彼女は驚いた。なんと、あの先輩が部屋で殺されたというのだ。部屋は荒らされており、物取りの犯行かもしれないという。あのとき先輩を起こしていたら、こんなことにならなかったのに……。

彼女が自責の念でいっぱいになりながら昨日その部屋にいたことを警官に話すと、部屋の奥から刑事が現れて彼女に見てほしいものがあると1枚のメモを差し出した。そこに書かれ

話のモチーフになったとされる連続殺人鬼、テッド・バンディ

ていたのは、「電気をつけなくてよかったな」

彼女が忘れ物を取りに来たときにはすでに先輩は殺されており、犯人もまた同じ部屋に潜んでいたのだ。もし電気をつけていたら彼女も――。

この話、実は1970年代、アメリカの大学のキャンパス内で広まったものがもとになっている。とある大学の学生寮でルームメイトと2人で暮らしている女性が、ある日帰るのが夜遅くになった。彼女は、気を遣いルームメイトを起こさないよう電気をつけずに真っ暗なまま寝ることにした。朝、目覚めると、そこには血まみれになって殺害されたルームメイトの死体と、血文字で書かれた「電気をつけなくてよかったな」というメッセージだけが残されていた。これは、女性が帰宅する寸前に殺人が行われ、殺人犯が部屋に隠れていて、電気をつけてしまっていたら殺されていたというメッセージである。

ネットもない時代、この通称「ルームメイトの死」が爆発的に拡散された背景に1人の殺人鬼の存在がある。テッド・バンディ。1974年から1978年の間に30人を殺害したシリアルキラーだ。バンディが狙ったのは主に黒髪の若い女性。大学の学生寮に住む女子大生が犠牲になることも多く、決定的だったのは1977年末、いったん逮捕されたものの脱獄に成功、その2週間後にフロリダ州立大学の女子学生2人を殺害した事件だった。「ルームメイトの死」はそれ以前から都市伝説として流布していたが、バンディが起こした残虐な犯行により、いつのまにか事実として語られるようになったらしい。

都市伝説

白いソアラ

高級車が破格の値段で売りに出されている怖い理由

1980年代頃から若者を中心に語り継がれ、「安すぎる中古車」とも呼ばれる都市伝説がある。

群馬県の国道沿いにある中古車販売店に白いソアラ（トヨタ製。1981年発売開始）が展示されていた。そこに1人の大学生が現れた。彼はかねてから車がほしいと考えており、アルバイトで貯めた数十万の現金を持っていた。彼はひと目で白いソアラを気に入った。冷やかし半分、値段を聞いたところ、相場の半分。試しに値引き交渉してみると、さらに10万円ほど下がった。なぜ、高級車がこんな価格で？　事故車か何かか？　彼が疑うのも当然である。が、エンジンの内部も綺麗で、エアコンもステレオも装備されている。ただ、一点気になることがあった。助手席に大きな赤い染みがついていたのだ。販売員に尋ねると、それまでニコニコしていた店員の表情が一変、言葉を濁しながら契約書を作成するよう急かされた。不審に思いながらも破格の値段に惹かれた大学生は頭金を払い契約を交わす。

店を出たところ、道路を挟んだ向かい側に50歳くらいの中年女性が立っていて、彼のことをじっと見ていた。全く知らない女性だった。やがて彼女は近づいてきて、こう言った。

「あなた、あの白いソアラを買うんですか？」「はい」

「助手席に赤い染みがあったでしょう」「それがどうかしましたか？」

それに答えて、彼女は語り始めた。

白いソアラを最初に購入した元々の持ち主は、20代前半の自分の息子で、当時交際していた女性とドライブに出かけた。新車で彼氏と初ドライブ。喜んではしゃぐ彼女の様子を見て息子も満足気だった。

彼女は走行中にサンルーフから上半身を出し、楽しげに風を受けていた。が、ほどなく折れ曲がった標識が現れ、彼女はこの標識と接触。首だけが綺麗に持っていかれてしまった。息子は事故のショックで精神を病んでしまい、新品同様の白いソアラは売りに出されることになった。

当初は適正価格の中古車として売りに出されていたが、購入者から「運転中に女が叫んでいる声が聞こえる」「バックミラーに女の人が写る」といった現象が寄せられたり、購入者や同乗者の首が切断されるという事故が起きるようになった。そのたびに白いソアラは売りに出され、そのうちどんどん値段が下がってしまったという。女性の話を聞いて、大学生は慌てて販売店に戻っていった――。

あくまで都市伝説の域を出ないが、1989年、広島県でワゴン車のサンルーフから頭を出していた女性が、ガード下の制限高を示す鉄材に激突、即死するという事故が実際に起きている。ただし、この話が語られるとき舞台になるのは、決まって群馬県の国道沿い。同県で、車の走行中に首が飛ぶような事故が発生した事実はない。

1981年に販売が開始された初代トヨタ・ソアラ（Z10型）

都市伝説

消えたヒッチハイカー

乗せた女性は、すでに交通事故で亡くなっている幽霊

一組のカップルが夜、アメリカ南西部の寂しい1本道を車で走っていると、道端に1人の若い女性が立っていた。親指を立てていることから、彼女がヒッチハイカーであることは一目でわかった。カップルは親切心で女性を車に乗せ、後部座席に座らせる。

「このまま真っ直ぐ行った街のはずれに赤い屋根の家があるので、そこまで乗せてください」

そう言ったきり彼女は黙ってしまった。ドライバーの男性は特に気にかけることなく車を走らせ、やがて目的地である赤い屋根の家に到着。車を止め後ろを振り返ったところ、なぜか女性の姿が消えていた。途中で彼女が車を降りた気配は一切ない。

不思議に感じたカップルは、女性の自宅であろう赤い屋根の家を訪ねた。出てきたのは1人の老婆。事情を話す彼らに、老婆はいったん家の中に入り1枚の写真を持って再び玄関先に戻ってきた。

「あなたたちが乗せたのはこの子じゃありませんか?」

写真には、確かに先程まで車のバックシートに座っていた女性が写っていた。老婆は続ける。

「実は、この子は私の娘なんです。数年前、ここから少し離れた道路で交通事故に遭い亡くなりました。今日は命日なので、家に戻ってきたのでしょう」

事故現場は、カップルが女性を乗せた付近だったという――。

若い女性の幽霊がヒッチハイクしている姿を見たという
目撃証言の多い、米シカゴのアーチャー・アヴェニュー

アメリカで1930年代から口承で語りつがれてきた都市伝説で、「幻のヒッチハイカー」とも呼ばれるホラーだ。話によって舞台やヒッチハイクをする理由は様々で、男性ドライバーはダンスパーティーに向かう途中で女性の、ヒッチハイク客を車に乗せ、一緒にダンスを楽しんだというパターンもある。

似たような話として、シカゴの心霊スポットとして知られるアーチャー・アヴェニューで、若い女性の幽霊がヒッチハイクしている姿を見たという運転手が数多くおり、その女性を車に乗せたものの気がつくと消えていたという話も有名だ。

日本では、ヒッチハイカーではなく「青山墓地まで行ってください」と言ってタクシーに乗った女性客が忽然と姿を消し、後部座席が濡れていたというのが定番。日本のタクシーの車内にマスコット人形が飾られているのは、幽霊の客を乗せないための魔除けとする説もある。

ちなみに、自動車にまつわる心霊現象は、運転中に単調な風景の連続によりドライバーの注意力が低下して催眠状態に近い状態となって幻覚を催す現象「ハイウェイ・ヒプノーシス」（高速道路催眠現象）が原因の一つとも言われている。

マリファナを吸ったメイドが赤ん坊をレンジの中へ…

都市伝説

ヒッピーベビーシッター

舞台は1960年代のアメリカ。とある夫婦がパーティーに出席しなければならなくなり、1歳にも満たない赤ん坊をベビーシッターに預けることにした。数時間後、若いヒッピー風のベビーシッターが夫婦のもとにやってきた。一抹の不安を覚えたものの、他に頼める者もおらず、夫婦は我が子を彼女に預け家を出た。

パーティー会場に着き妻が家に電話をかけると、ベビーシッターは「すぐに寝かしつけて今はベッドで眠っています」という。安心してパーティーを楽しみ、さらに数時間が経った頃、再び母親が電話をかけると、どうも様子がおかしい。ベビーシッターのろれつが回っていないのだ。心配する妻に、彼女は電話越しに言った。

「七面鳥は焼けたわ」

意味のわからぬ言葉に猛烈な不安を覚えた夫婦が大急ぎで家に戻ると、ベビーシッターはフラフラの状態だった。どうやらマリファナを吸ってハイになっているようだ。取るものもとりあえず、ベビーベッドに向かう母親。しかし、そこに赤ん坊はいない。同時に、台所からは何かが焦げている臭いがするのに気づいた。父親が慌ててオーブンを開けるとそこには、我が子が入っていた――。

いかにもな作り話だが、1960年代後半のヒッピー文化全盛期、これは実話として人々の間で広まり、未だに事実と信じている人もいるらしい。実際、この話と同じような事件も起きている。1999年9月、バージニア州リッチモンドで、二つ折りになった生後1ヶ月の男児の遺体がオーブンから見つかった。殺害したのは、男児の母親で当時19歳の女性だった。

また、2005年8月には、オハイオ州に住む25歳の女性が生後1ヶ月の娘を殺した容疑で逮捕された。驚くべきは赤ん坊が電子レンジの中で全くの無傷で死亡していたことだ。死因は、異常なまでの高体温。警察は母親が娘を電子レンジに入れ「温めた」結果、体の内部から高熱で焼かれて息絶えたものと推定した。さらに2011年3月には、カリフォルニア州で生後2ヶ月の娘を電子レンジに入れて加熱、殺害したとして娘の母親が逮捕されている。母親は「自分の中にはもう1人の人格が存在する。子供を電子レンジに入れたときはてんかんの発作が起こって意識が朦朧としていた」と供述。緊急搬送された赤ん坊の容体は、全身の60パーセントに火傷を負ったうえ、放射線火傷が内臓にまで達するという悲惨なもので、損傷の状態からして2分半~5分は電子レンジで加熱されていたという。この母親には裁判で終身刑が言い渡された。現実が伝説より恐ろしい場合もあるのだ。

写真はイメージ

どちらを選んでも結末は「死」

都市伝説

赤い紙、青い紙

夕方の学校で、少年がトイレで用を済ませ、拭こうとすると紙がなかった。するとどこからともなくこんな声が聞こえてきた。

「赤い紙がほしいか？　青い紙がほしいか？」

少年が「赤い紙」と答えた瞬間、体中から血が噴き出し、少年は死んでしまった。

この話を聞いた別の生徒は、怖がりながらも我慢できずにトイレに行った。するとやはり「赤い紙がほしいか？青い紙がほしいか？」という声が聞こえてきた。彼は「赤い紙」を選んだ少年が血が噴き出し死んだ話を思い出し、「青い紙」と答えた。その生徒は体中の血液を全て抜き取られ、真っ青になって死んでしまった――。

いわゆる学校にまつわる怪談だが、大流行した「トイレの花子さん」より伝承は古く、1930年代の奈良市ではすでに小学生の間で広がっており、言い伝えによると「赤

この話を取り上げた映画「学校の怪談2」(1996)

い紙やろか、白い紙やろか」と聞こえてきたという。京都では、節分の夜に便所に入ると「カイナデ」という尻を撫でる妖怪が出るとされ、「赤い紙やろうか、白い紙やろうか」と唱えると怪異を避けられるそうだ。

この話には様々なバリエーションが存在する。東京都小平市の小学校では、答えに応じて赤い紙または青い紙が落ちてきて、赤い紙を使うと体が赤く、青い紙だと青くなる。怪異の起きるトイレが特定されているという説もあり、東京都のある小学校では、体育館の隣に滅多に使用されない旧式のトイレがあり、そこの4番目の個室でこの現象が起きる。大阪府泉北郡の小学校では、「赤い紙」と答えると天井から血が降ってきて、「白い紙」と答えると下から白い手が伸びてくる。大阪市の小学校では「赤」なら舌で尻を嘗められ、「白」なら手で尻を撫でられる。東京都東久留米市の小学校では「赤と紫どちらが好きか」と聞かれ、「紫」と答えると助かるが、「赤」と答えると便器の中に引きずりこまれるという。

また、山形県の小学校では、「青い紙がいいか、赤い紙がいいか、黄色い紙がいいか」と聞かれ、「青い紙」と答えると青い紙が現れ、まだ紙が足りないので「黄色」「赤」と催促したところ、その生徒が消失したそうだ。さらに長野県小諸市では、この都市伝説を話した者が急死してしまったという話もある。

この怪談は、「回答次第で恐ろしい結末を生む」「正しく答えないと悲劇を呼ぶ」ことから、学校でテストに答えられないことへの恐怖心から生まれたとも考えられている。

都市伝説

バックシートの殺人者

運転する車の後部座席にナイフを持った男が

とある女性が学生時代の女友だちのマンションを車で訪ねた。話がはずみ気がつけば深夜。彼女は友だちの部屋を出て、マンションの駐車場に停めた車に乗り込んだ。と、すぐ近くに停まっていた車に男が乗るのが見えた。彼女が特に気にせず車を出したところ、男の車にエンジンがかかった。

街は郊外で人気はほとんどなく、行き交う車も少ない。彼女がふとバックミラーを確認すると男の車が少し後ろに付いている。少し不気味に思い、スピードを上げたりブレーキを踏んだりしてみたものの、その車はずっと一定の車間距離を保っている。

明らかに自分の後を意図的に付けている。確信した彼女は恐怖に駆られながら猛スピードで車を走らせた。その間、赤信号も無視したものの、男の車を振り切ることはできない。なんとか自宅の前まで付き、彼女は留守番をしていた夫に必死に訴えた。

「あの車、ずっと私を追いかけてきたの！」

すぐに夫が、停車していた車に近づき男を引きずり出した。が、男は「違う、違うんだ！」と女性の車を指差し言った。

「さっき、彼女が車に乗る前に、ナイフを持った男がバックシートに隠れるのを見たんだ！」

半信半疑、夫が妻の車のバックシートを覗き込むと、そこには、サバイバルナイフを持ち、よだれを垂らしながらニヤニヤ笑う男が座っていた――。

これは、1967年頃からアメリカで流布し始めた「キラー・イン・ザ・バックシート」という都市伝説だ。元ネタになったのは1964年、ニューヨークで脱獄した殺人犯が、鍵のかかっていなかった車の後部座席に隠れているのを警察が発見、射殺された事件で、この話も本当に起きた出来事として広まったらしい。

人々がこれを実話と考えても仕方のない実際の事件も起きている。2007年9月、米アラバマ州のディケイターという街で、車を運転中の女子大生が赤信号で停まったところ、突然、後部座席から男が現れ銃を突きつけられた。後の調べで、バックシートの鍵を壊して車内に侵入、持ち主が帰ってくるまで身を潜めていたらしい。このとき彼女は隙を見て車から逃げ、被害はなかったという。

背筋も凍る状況……

都市伝説

小さいおじさん

芸能人に目撃談が多い身長8〜20センチの中年男性の正体

その名のとおり、常識ではありえない身長8〜20センチの中年男性が実在するというもの。都市伝説の語り部として知られるタレント関暁夫が、２００９年３月、テレビ東京「やりすぎコージー」で「関東中央の神社の参拝者に妖精がついてくる」と話したのがきっかけで世に広まった。番組中では神社の名がカットされていたものの、東京都の中央に位置する神社である杉並区の大宮八幡宮を「小さいおじさん」の住処とする噂が多く、番組放映直後には例年の倍以上の参拝者が殺到、それ以降も徐々に参拝者が増えているそうだ。

有名人による目撃談が多いのも特徴である。２０２１年３月に解散した元Ｖ６のメンバーで俳優の岡田准一は「自宅のポットを小さいおじさんとおばさんの２人が引っ張っていた」と語り、俳優の渡辺徹は「妻の榊原郁恵や母親と旅館に宿まった深夜、突然金縛りに遭ったかと思うと、小さな侍が部屋に入ってきた。侍は寝ている渡辺の上を乗り越えて、テーブルに置いてあったイチゴを食べた。翌朝、郁恵にその話をしようとしたら、先に郁恵からその話を切り出された。イチゴにはかじられた跡が残っていた」と事の詳細をリアルに話している。また、女優の釈由美子はこの伝説が話題になる前から「小さいおじさん」を話題にしており、曰く「部屋で寝たふりをしていると、小さいおじさん３人で一杯やっていた」「落ち込んでいたとき、１回だけ『ドンマイ』って声をかけてくれた」「着ていたジャージに『村田』と書いてあった」云々。彼女によると、交際相手に初めてこの話をした際、本気で心配され、脳のMRI検査の予約を取られたという。

他にも、中島美嘉、ダウンタウン浜田雅功、大島優子、小池栄子など「小さいおじさん」を語った芸能人は数多くいるが、その正体は妖精、妖怪、幽霊の類ではなく、目撃談の大半が就寝中または夜中であることから肉体および精神的な疲労などが引き起こした幻覚との指摘がある。

新聞で取り上げられた「小さいおじさん」の写真

その一方で、コロポックルなど小人の伝説も実際に伝わっているため、一概に幻覚説によってこれらの小人を否定することはできないとの意見があることも事実で、2011年には、1972年に秋田県で撮影された写真に身長15センチほどの「小さいおじさん」3人が写り込んでいたとして新聞紙上で取り上げられたことがある。

都市伝説

忽然と客の消えるブティック

試着室で女性が失踪。連れ去られた先は売春宿か臓器売買

1969年5月中旬、フランスの都市オルレアンで、ブティックの試着室に入った若い女性が次々と行方不明になっているという噂が流れた。疑惑の対象として具体的に名指しされた店舗は6軒あり、いずれも繁盛している若い女性向けの店舗で、そのうち5軒はユダヤ人が経営していた。

噂によれば、行方不明になった女性は試着室で薬物を注射されてトリップしたまま、各ブティックを結んでいる地下通路へと運ばれ、中近東と南米へ売春婦として売られていったそうだ。誘拐された女性は約60人。また、事件が報道されず、警察や行政も対応しないのは、新聞社や公権力がユダヤ人勢力によって買収されているためであるとも伝聞された。

噂を聞いた大半の人が根も葉もない話として一蹴したが、噂を真に受けた一部の人々がユダヤ人に敵意を示すようになり、5月下旬には名指しされた6軒のブティックを取り囲み暴動寸前の事態にまで発展。メディアが「噂は事実ではない」と報道しても騒動は収まらなかったが、「デマは反ユダヤ主義者による陰謀である」という新聞報道が大々的になされ、ようやく事は収束に向かった。

一方、噂は各地に飛び火して、1970年代のパリ在住の日本人の間でも語り継がれ、パリへの旅行者を通じて日本にも伝播。やがて「ブティックの試着室に入った女性が、いつまで待って

も出てこない。一緒に来た夫（あるいは恋人や友人）が店員に尋ねても『そんな客は来なかった』と返され、結局行方不明になってしまう。女性は売春、もしくは臓器売買の目的で誘拐された」という話が形成される。1981年年には、新婚旅行先のローマのブティックの試着室で日本人花嫁が消えて、スペインの裏町で両手足を切断された状態で発見されたという噂が流れ、事実を追跡した『週刊読売』が外務省に確認し、全くのデマと判明した。

これに類似した話として、次のような都市伝説がある。祖母の家で結婚式を開いた新郎新婦と参列者たちが式の余興でかくれんぼをしたところ、花嫁がいつになっても見つからず、異変に気付いた式の参列者たちも家中を必死に探し回ったが、結局花嫁は出てこなかった。失踪から数年後、花嫁の妹が結婚することになり屋根裏部屋にある衣装を借りようと大きなトランクを開けたところ、中にあったのは花嫁衣裳を着た姉の遺体だった。花嫁は結婚式のかくれんぼでトランクに隠れたとき、鍵が閉まり出られなくなって中で窒息死していた――。

ただ、実際にこれと該当するような事件の記録はなく、完全な作り話とされている。

話の舞台となるブティックの化粧室

口封じのため殺しにやって来た

都市伝説

偽の警察官

ダウンタウン松本人志が、今田耕司から聞いた話として日本テレビ系「ガキの使いやあらへんで!」で紹介、視聴者をビビらせたことで一躍有名になった話である。

女優の○○がある日、自宅マンションに夜帰ってきて、エレベーターに乗ったところ、途中で服に血の付いた男が入ってきた。男は帽子をかぶり、終始下を向いていた。○○は少し不気味に感じつつ自宅へと戻った。

数日後、部屋のチャイムが鳴った。ドアの覗き穴から確認すると、警察官が立っている。

「先日、このマンションで殺人がありました。何か怪しい人を見ませんでしたか?」

仕事に出かける前だった○○がドア越しに「心当たりはない」と答えると、警官は「事件のせいでこの周辺の警備が強化されておりまして、私はパトロールでこの付近を巡回しています。ま

写真はイメージ

た後日同じ時間にお尋ねしますのでそのときに、もし何か思い出した事がございましたらどんなささいな事でも構いませんので教えてください」という旨の言葉を残して去っていく。

翌日も、翌々日も、その翌日も、決まった時間に警官は来る。○○は仕事熱心で立派な警察官だなと思いつつ、やはりドア越しに「知らない」と答え続けていた。

そんなある日、○○は、テレビで自分の住むマンションで殺人が起きたというニュースを目にする。そして、容疑者として逮捕されたという人物の顔写真を見て仰天する。犯人は、先日訪ねてきた警察官。つまり、犯人は警官のふりをして、口封じのため○○を殺しに来たのだ――。

この話、オンエア時には実話のように語られていたが、そもそもは女優の室井滋（○○のこと）が「笑っていいとも」で披露した話で、この件について室井は２０１９年９月６日放送の「ダウンタウンなう」にゲスト出演した際に「あれは、知り合いのスタイリストの友だちの話」と自分の体験ではないと語っている。が、室井が聞いたという話自体、都市伝説の可能性が高い。殺人など凶悪事件の聞き込みに制服警察官が１人で現れることなどありえず、私服の刑事が2人以上で行うのが通例。これは、その聞き込みの相手が真犯人であれば抵抗や逃亡を試みる場合があるからだ。

とはいえ、この話、完成度の高いホラーとして評価が高く、小説家・平山夢明は自作『東京伝説』の中で、家に警官がやってきて連続婦女暴行犯に注意するように伝えたが、その後やってきた捜査員にその警官が犯人だったと知らされるという、似たような話を書いている。

都市伝説

見ないで

電車にはねられ首を切断された女性が放った一言

ある街に、朝のラッシュアワーで5分くらい遮断機が開かない「開かずの踏切」があった。通勤、通学で電車を利用する住民はそのことを承知で、時間に余裕をもって家を出ていた。その日も、踏切前には遮断機が開くのを待つ人々でごった返していた。みな、名前は知らずとも知った顔である。が、この中に見慣れぬ女性が１人いた。思いつめたような表情で人を寄せ付けない雰囲気だ。

何かおかしい。周囲が感じたとおり、女性は電車が通り過ぎるたびに人混みをかきわけ前に進んでいく。そして何本目かの電車が通る寸前、みなが唖然とするなか、一瞬で電車にはねられてしまう。

目の前で起きた自殺の衝撃に、気分が悪くなり地面に倒れ込んだ人がいた。その人が両手をついて立ち上がろうとしたとき、何かが転がってきた。飛び込んだ女性の首から上部だった。しかも目が合った。凍りつくその人に向かって首だけの女性が言った。「見ないで」――。

１９８０年代半ば辺りから噂が広まった都市伝説だ。いかにもな作り話だが、２０００年代以降、ネットでは、これが実際に起きた事件をネタにしたものと指摘する投稿が寄せられた。その内容は、昭和40年代のある寒い夜、北海道札幌市内で塾帰りの9歳の少女が踏切の中に入り、レールに足を取られ転んでしまった。運悪く、くるぶしがレールに挟まっている。少女は急いで起き上がろうとした。が、間に合わなかった。ほどなくやってきた電車にはねられ首が切断されてしまったのだ。周囲の人がすぐに119番に電話をかけたが時すでに遅し。現場に到着した救急隊員が少女の首を持ち上げたとき、彼女は「わたし、死んじゃうの？」（あるいは「痛い！　助けて」）と話しかけたという。寒い夜だったため切断面が凍り、出血が一時期的に止まるとともに意識が戻ったため、声を出すことが可能だったのだ。現地の消防隊員でこの悲惨な事故を知らぬものはいないという。

北海道の寒い夜なら気温は零度を下回っていたことだろう。そのような天候なら、出血した血が止まり一時期的に意識が戻ったとも思える。が、実際にネットに挙げられたこんな事故は実際には起きていない。つまり、この話自体が都市伝説を本物かのように思わせる都市伝説なのだ。

全てが自殺とは限らないが、全国の鉄道では2020年3月16日〜22日の1週間で30件以上の人身事故があったらしい。写真はイメージ

都市伝説

きさらぎ駅

一度降りると生きては戻れない異世界

2004年1月8日23時過ぎ、インターネット掲示板2ちゃんねるのオカルト板にある「身のまわりで変なことが起こったら実況するスレ」に「はすみ（葉純）」と名乗る女性とみられる人物が、怪奇体験の相談を投稿した。

新浜松駅から乗車した遠州鉄道の電車がいつもと違い、なかなか停車する様子がなく、ようやく到着した駅が「きさらぎ駅」という名称の見知らぬ無人駅だったという。なんでも、周囲は人家などがない山間の草原で、直前には実在しない「伊佐貫」と言う名称のトンネルを通ったそうだ。その後、不意に降り立った駅の周辺では奇妙な出来事が次々に起こり、携帯電話で助けを求めてもまったく取り合ってもらえなかったという。途方に暮れていたところに、たまたま通りかかった車に乗せてもらった時点で、実況の書き込みは途絶えた。

以後ネット上にはその真相を巡って様々な考察が語られている。当初は体験談の内容から「きさらぎ駅」が静岡県内にあるものと考えられていたが、後に福岡県など全国各地で目撃情報が相次いで寄せられた。その多くが時間の歪みやGPSの異常などの異変を報告しており、「きさらぎ駅」がこの世界とは別の異世界に存在するという説が主流となった。また、最初の投稿者「はすみ」が以後の消息を絶っていることから、一度降りてしまうと生きては戻れないものとも解釈された。しかし、その後の体験談では何かを燃やして煙を出せば戻って来られるなどの報告も寄

「きさらぎ駅」のモデルとの指摘もある遠州鉄道「さぎの宮駅」

せられ、2018年には異界の車掌や住民の善意により無事生還したとの投稿も寄せられている。

しかし、これら一連の投稿は限りなく作り話に近い都市伝説との見方が強い。事実、ツイッターには「きさらぎ駅」の体験談が写真付きで投稿されたこともあったが、後にそれは実在するJR紀勢本線三瀬谷駅やJR赤穂線西相生駅などの写真であることが判明している。それでも、今なお「きさらぎ駅」が語り継がれているのは、実在する列車や地名を元にした巧妙な物語と、駅というロマンの感じられる舞台設定がその理由だと識者は指摘している。

ちなみに「きさらぎ駅」の創作上のモデルは、遠州鉄道の「さぎの宮駅」と噂されている。現在でこそ同駅周辺には住宅街が広がり交通量も多いが、最初の投稿があった2004年当初は駅前のコンビニや駐輪場がなく、体験談との共通点もあったそうだ。

都市伝説

実は犯人でした

少女は道に迷ったのではなく、魔の手から逃げていた

真夜中の山道で、その場には似つかわしくない少女が走り去る姿をドライバーが目撃する。道に迷ったのだろうか。不審に思っていると、続けて一人の男性が現れ、こう言った。

「ここら辺で小学校2年生くらいの女の子を見なかったですか？　うちの娘なんですが……」

ドライバーは一瞬ためらったが、迷子になった我が子を捜す父親に対し、正直に答えた。

「その子なら先ほど見ましたよ。この道を戻っていきましたよ」

少女が走り去った方向を男に教え、ドライバーがそのまま帰宅した数日後、件の山道で殺人事件があったことが報道された。犯人は、あのとき現れた男だった。猟奇殺人犯のもとから逃げ出した少女の行き先を教えてしまったことに初めて気づいた彼は驚愕するしかなかった――。

この話は1988年から1989年にかけて起きた東京・埼玉連続幼女誘拐殺人事件が元ネタになっていると見られる。宮崎勤元死刑囚（享年45）が、4歳から7歳の女児4人を誘拐・殺害。犯行声明を新聞社に送り世間を震撼させた凶悪事件だ。

それから約10年後の1997年、アメリカで次のようなチェーンメールが流布した。

これは職場の友人の従兄弟の友人が実際に体験した話です。この人はハンティングが趣味で、毎年狩猟時期になると、ライフルを手に山で狩りを楽しむそうです。去年の3月の終わり、彼はモンタナ州の山に出かけました。狩猟の解禁は4月15日ですが、早めに山小屋へ入り準備を整え

たかったのでしょう。

彼が借りた山小屋の横に、もう一つ山小屋があり、そこに50歳くらいの白人男性が住んでいました。物静かで、部屋には数学の本がたくさんありました。隣同士ということもあり、彼はごく自然にその白人男性と親しくなっていきます。が、4月3日、事態は一変します。その日、警察車両が何十台と現れ、隣の小屋を取り囲んだのです。状況を把握できないでいると、ほどなく、つい昨日まで普通に会話していた隣の白人男性が警察官に取り押さえられ、車の中に押し込まれていきました。ますます理由のわからない男性に1人の警官が言いました。「テレビを見てみろ」。即座にテレビのスイッチをオンにすると、上空を飛ぶヘリのカメラが自分の小屋を捉え、さらに、画面の左側に、ヨットパーカーにサングラス姿の男性が写っていました。隣の小屋に住んでいたのは「ユナボマー」だったのです――。

「ユナボマー」とは1978年から1995年にかけ、全米各地で科学技術に携わる人々に爆弾を送りつけ3人を死亡させ、23人に重軽傷を負わせたセオドア・カジンスキーの別称である。ハーバード大学を卒業、最年少でカリフォルニア大学の助教授になったインテリだったが、1969年、突如学校を退職。モンタナ州に山小屋を建て自給自足の生活を送りながら卑劣な犯行に及んでいた。この「職場の友人の従兄弟の友人が体験した」として語られる話もおそらく創作であろう。が、アメリカにおいてユナボマーの逮捕を伝えるテレビ映像の衝撃は大きく、そのぶんこの話も説得力を持っている。

都市伝説

ボーイフレンドの死

車の屋根をこする小さな音の正体は……

あるカップルが人気のない山道を車で走っていた。ドライブデートを楽しんでいたものの山の奥まで入りすぎ辺りはすでに暗くなっている。少しでも街灯のある道に出ようと車を急がせる運転手の彼氏。と、運悪くエンストが起きた。いくらキーを回してもエンジンがかからない。さらに、携帯電話で応援を呼ぼうとしたものの電波が入らない。仕方なく彼は徒歩で下山し、助けを呼びに行くことにした。去り際、彼氏は彼女に車のロックかけ、決して外に出ないようきつく言い残した。

どれくらい時間が経ったのか、いつのまにか彼女は眠りに落ち、小さな物音で目を覚ました。ズルッズルッと何かが車の屋根をこするような音が定期的に聞こえてくる。彼女は恐怖で動けなくなった。

そのまま何とか時間をやり過ごしていると、ほどなく車が数台、自分の方に向かってきた。やっと彼氏が戻ってきたのだ。と思いきや、車から降りてきたのは消防隊員で彼氏の姿はどこにもない。事情がわからない彼女に、隊員の1人が言った。

「もう大丈夫です。ゆっくり車から出てください。ただし決して上を見ないように」

促され、消防隊の車に乗り移る際、彼女は我慢できず上を見た。そこには、太い木からロープ

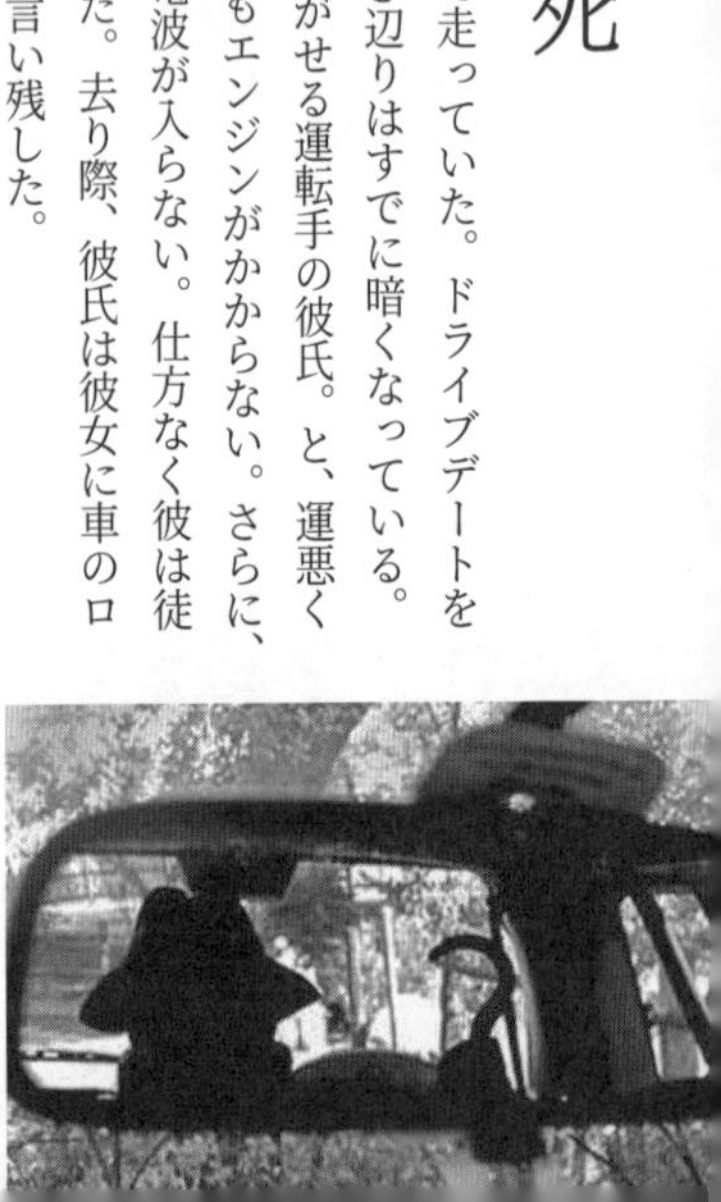

アメリカでは「ザ・フック」と題された有名な都市伝説。写真はイメージ

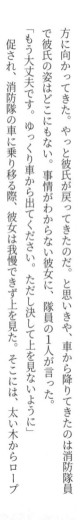

で首を吊られ息絶えた彼氏の姿があった。彼女が聞いたのは、彼氏の足が車の屋根をこする音だったのだ――。

彼氏が自殺ではなく、何者かに殺害されたことは明らかだ。では、いったい誰に？ そのヒントになるのが、この都市伝説の元ネタで1950年代、アメリカで流布された「ザ・フック＝鈎手《かぎて》」なる話だ。

10代の少年が彼女を車に乗せ人気のない森に出かけた。やがて目的の場所に到着。ラジオを雰囲気の良い曲を流すチャンネルに合わせ、彼女が座る隣のシートを倒し、いざキスしようとしたとき、曲が中断し臨時ニュースが流れた。

なんでも、州立の医療刑務所から連続殺人犯の男が脱走したという。いま自分たちがいる場所からすぐ近くにある施設だった。アナウンサーは、背が高く右手が手首のところから海賊キャプテン・フックのように鈎手になっていると男の特徴を告げ、怪しい人物を見かけたら通報するよう訴えていた。

ニュースを聞き恐怖に怯える彼女に、彼氏は車のドアを全てロックした後、これで安心とばかりに再びキスを迫った。が、すでに彼女はそれどころではない。どうしても家に帰りたいと突っぱね、彼氏も仕方なく従った。自宅まで送ってもらった彼女が、ドアを開け車を降りた瞬間、悲鳴をあげた。何事かと彼氏も外に出ると信じられないものが目に飛び込んできた。後部座席のドアの取っ手に、手首の部分からちぎれた鈎手が引っかかっていたのだ。2人は、逃走犯にもう少しで殺されていたのである――。

都市伝説

首なしライダー

1984年に起きた悲惨なバイク事故が元ネタか

　ある道路を横断するようにピアノ線が張ってあり、そこに猛スピードのバイクで突っ込んだライダーが首をはねられてしまう。しかし、首のないライダーを乗せたままバイクはしばらく走り続け、その後も亡霊となり、深夜の道路を猛スピードでさまよい続けている――。

　1980年代半ば広まったこの怪談は、1974年公開（日本公開は1981年）のオーストラリア映画で、大ヒット作「マッドマックス」シリーズの原型を作ったとも言われる「マッドストーン」が元ネタという説がある。暗殺事件に巻き込まれた暴走族と1人の警察官の活躍を描く本作中に、道路に仕掛けたピアノ線でライダーの首をはね飛ばすシーンがあり、そこから都市伝説が誕生したという。

　しかし、誕生の経緯としては、とある街で暴走族の違法行為に困り果てた住民が彼らを懲らしめるべく、通り道にピアノ線を仕掛けたところ見事にかかり首がすっ飛んでしまったという話の方が有力だ。というのも、これは実際に起きた事件を元にしているからだ。発生は1984年5月。東京都葛飾区の水元公園内で、当時17歳のバイクに乗った少年が道路に張られたロープに首がひっかかり転倒、約8メートルもはじき飛ばされ死亡するという残虐極まりない犯行だった。

　当時、大々的に事件を報じた新聞によると、同公園には暴走族が頻繁に現れ、周辺住民は騒音に悩まされていたそうだ。少年は暴走族ではなかったが、何者かが暴走族への仕返しとして仕掛

悲惨なバイク事故が起きた水元公園（東京都葛飾区）。一部では心霊スポットとして知られる

けたという見方や、暴走族同士のトラブル説など、様々な憶測を呼んだ。警視庁では往来妨害致死容疑で捜査を進めたものの、容疑者は検挙されないまま時効が成立している。ちなみに、道にロープを仕掛けるというトラップは当時の暴走族対策によく用いられた作戦で、一説にはこの事件が暴走族の抑止に効果をもたらすきっかけになったとも言われている。

他にも、真っ暗な道で黒いフルフェイスヘルメットをかぶったライダーの乗るバイクを、首なしライダーと誤認したことが発祥とする説もある。実際、黒いフルフェイスヘルメットをかぶって運転するライダーには、自分が首なしライダーだと間違えられた者がいたり、これを狙いわざと夜間に黒い（それも光の反射を抑えるように加工した）フルフェイスヘルメットを被る、愉快犯的なライダーもいるそうだ。また、夜間にレーサーレプリカ、スーパースポーツ型の二輪車に、燃料タンクの上に伏せた体勢で運転していたライダーを、目撃者が首なしライダーと見間違えたのではという意見もある。

子供がトイレに連れ込まれ、性的いたずらを受けた上で……

都市伝説

子宮全摘

「超怖い話聞いた…。ママ友の知り合い、夏に6歳女児と広めの公園で水遊びしてて、途中女児1人でトイレに行かせたら放心状態で下半身血だらけで母親の元に帰って来たそう…。何者かに性的乱暴を受けており、結局その子、子宮全摘になってしまったと…」

2019年3月、ツイッターにこんな投稿があり4万以上リツイートされた。ツイート主は「女児だけでなく、男子も危ない。1人でトイレに行かせたら誰かに片方の睾丸を潰された子もいると聞いた」「公衆トイレだけではなく、家以外のトイレで警戒して欲しい」などと注意し、「デマではないか?」という指摘には「『いつどこで○○ちゃんのお友達が』まで聞いており、私としては都市伝説や嘘ではないと思っております」とツイート。その後、アカウントを非公開とした。

実際にこのような事件が起きていたらメディアが報道しておかしくないが、該当のニュースは存在しない。ただ、この話と似たような噂は1990年代後半から2000年代前半にも出回り、新聞でも取り上げられている。例えば、西日本新聞は1999年6月、福岡近郊で「ディスカウントストアに父親と買い物に来ていた小学2年生の女児が、トイレで中学生の男子生徒らに乱暴され、血まみれで倒れていた。女児は重傷を負った」という内容の噂が出回ったことを報道。2004年4月には、インターネット掲示板2ちゃんねるに、こんな書き込みがあった。

「○○というショッピングセンターにて、小学1年生の女児がイタズラにあったとの情報があるのですが、詳細を誰か知っていますか？　私の聞いたところでは、身障者用トイレに連れ込まれた上で暴行を受け、子宮破裂で子宮摘出手術となったとのことです」

さらには2007年9月には、神奈川県内の大規模店舗で幼児をトイレに連れ込み悪戯をする事件が相次ぎ、男の子はお尻にボールペンを入れられ、女の子は3歳で子宮を全摘出させられるといったチェーンメールが流布。対し、神奈川県警はホームページ上で「事実無根の情報です。このような悪質なデマ情報に惑わされないでください」と噂を全否定した。

しかし、一方で13歳以下の子供が被害にあった強制性交事件が、わかっているだけで毎年100件近く起きているのも事実。2011年には熊本市のスーパーで、当時大学生だった男が家族で買い物に来ていた3歳の女児を多目的トイレに連れ込んでわいせつな行為をしたうえ、首を手で絞殺するという事件も起きている。一部では、一連の話が単なる都市伝説としても、子供を被害に遭わなくさせる注意喚起につながるとの声もある。

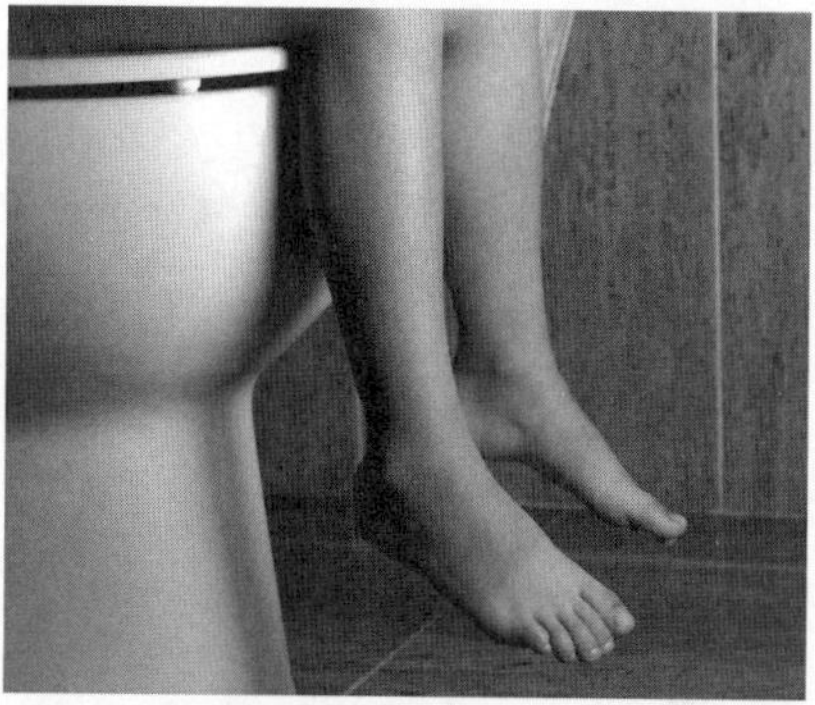

実際に、トイレで子供が性的被害に遭う事件も起きている。写真はイメージ

都市伝説

メリーさんの電話

「今あなたの家の前にいるの」「今あなたの後ろにいるの」

2011年、「メリーさんの電話」という映画が公開された。主人公は女子高の空手部に所属する美奈子と真由子。2人が他の部員たちとともに強化合宿のため向かった山奥の施設で、部員の1人が突然発狂してしまったことを機に1人また1人と消失する怪奇現象が起きる。美奈子は原因を探るべく30年前に起きたというある事件の謎を調べ始める。と、圏外のはずの美奈子の携帯電話が突然鳴り響き、受話器の向こうから少女の声が聞こえる。

「もしもし、あたしメリー、今、向かってる」

この映画の題材となったのが、同名の「メリーさんの電話」という都市伝説だ。

ある少女が引越しの際、古くなった外国製の人形、「メリー」を捨てていく。その夜、少女に電話がかかってくる。「あたしメリーさん。今ゴミ捨て場にいるの…」。少女が恐ろしくなって電話を切ってもすぐまたかかってくる。「あたしメリーさん。今タバコ屋さんの角にいるの…」。そしてついに「あたしメリーさん。今あなたの家の前にいるの」という電話が。怖くなった少女は思い切って玄関のドアを開けたが、誰もいない。やはり誰かのいたずらかとホッと胸を撫で下ろした直後、またもや電話が。

「あたしメリーさん。今あなたの後ろにいるの」――。

人形と電話が出てくる怪談は「りかちゃん電話」が始まりと言われる。これは、ビニール玩具のメーカーだったタカラが１９６６年に発売を開始した人形「リカちゃん」の声が聞こえるサービスで、もともとお客の女の子からタカラ本社に「リカちゃんいますか？」と電話がかかってきたことがきっかけで１９６８年に開設されたもの。半世紀以上経った現在もサービスは続いているが、１９７０年代後半から巷でこんな噂が流れるようになった。

　１人で留守番をしている女の子が「リカちゃん電話」にかけると、リカちゃんが「これからお出かけするところなのよ」という内容が流れる。もう一度電話すると「お出かけ中」、さらに電話すると「あなたの家の前よ」となり、最後は「今、あなたの後ろよ」と流れるというもので、内容は「メリーさんの電話」とほぼ同じ。ちなみに、リカちゃん人形には、少女がトイレで人形を拾ったところ、通常の足の他にもう１本、不気味な茶色い足がついており「わたしリカちゃん。呪われてるの」としゃべりだす「３本足のリカちゃん人形」という怪談もある。

都市伝説「メリーさんの電話」をモチーフにした同名タイトルの学園ホラー

都市伝説

ベッドの下の死体

最上級の部屋を用意する代わりに、今日この部屋で起きたことは他言無用

米テキサス州に住む一組のカップルがラスベガスに出かけ、豪華ホテルに泊まった。部屋はゴージャスで眺めも抜群。ただ一点、どことなく異臭がする。どうもベッドの下辺りから臭っているようだ。2人が試しに覗いてみると、なんと、男の死体が転がっていた。慌ててフロントに電話をかけ、やってきた従業員が死体を片付け終えると、支配人らしき男が近づいてきた。

「このたびはご迷惑をおかけし大変申し訳ありませんでした。すでに警察にも連絡しております。お詫びというわけでありませんが、当ホテルの最上級のお部屋を用意いたしましたので。良ければ、そちらにお泊りいただけないでしょうか？　もちろん代金はいただきません」

気持ちが良いものではなかったが、最上級の部屋にタダで泊まれるなら良いか。2人は支配人の提案を受け入れることにした。すると、支配人が小声で「ただ、こちらにサインをいただきたいのです」と書類を差し出した。見れば『今日この部屋で起きたことについては絶対他言しません』という一文が書かれている。一瞬の躊躇の後、カップルの男性がサインすると、支配人は満面の笑顔になった――。

これは1980年代半ばに流布された都市伝説で、日本人観光客が主人公になったり、舞台がメキシコのリゾート地に変わったりと様々なバージョンが生まれたが、基本のプロットは同様である。

特筆すべきは、この話が巷で広がった後、実際に似たような事件が起きている点だ。

1999年、米ニュージャージー州アトランティックシティのモーテルの一室で、マンハッタン在住の64歳の男性の死体が見つかった。1泊36ドルという格安料金に惹かれドイツ人客が宿泊したものの、異臭があまりにひどく、フロントにクレームを入れ部屋を替えてもらった後、客室係の女性が清掃に入りベッドの下から遺体を発見したそうだ。2003年には、ミズーリ州カンサスシティのモーテルから死後かなりの時間が経過した男性の遺体が発見されている。この部屋に男性客が3連泊していたが、その間、何度もフロントに「悪臭をなんとかしてほしい」とクレームの電話を入れており、ようやく客室係が来てベッドの下から腐乱死体を見つけたという。

2010年にもテネシー州メンフィスで似たような事件が起きている。同年1月27日朝、子供を学校に迎えに行くはずだったが母親が姿を見せず、なぜかメンフィスのホテルに現れた。このとき、女性は部屋代を支払わなかったため、所持品を室内に残したまま部屋から閉め出され、そのまま行方不明に。悪臭がするとの通報を受け地元警察が室内を捜索、ベッドの下から遺体を発見するのは、それから約1ヶ月半後の3月15日。その間、部屋は5回ほど別の客に貸し出され、ホテルの従業員が何度も清掃を行っていたにもかかわらず、異常に気づかなかったのは謎でしかない。

一連の事件は都市伝説と関係があると思えないが、話に説得力を持たせていることは間違いない。

肌を長時間焼きすぎた女子高生の内臓が生焼け状態に

都市伝説

日焼けサロン

ある女子高生が、毎日のように日焼けサロンに通っていた。彼女は早く肌を焼くために1つの店では満足せず、別の日焼けサロンを何軒もはしごするほど熱心あった。が、自分の望みどおりに小麦色の肌を手に入れた頃から彼女に腹痛が襲い、やがて腹部から異臭がするまでになる。

急いで飛び込んだ病院で診察を受けたところ、医者が神妙な顔で言った。

「非常に珍しく、あなたにとってお辛い話ですが、あなたのお腹の中は半分焼けてしまっています。まるで、オーブンか何かで体の中を焼かれたような状態です。何か心当たりはありませんか?」

そう、彼女はサロンで長時間にわたり体を焼きすぎたため、皮膚だけではなく内臓まで焼いてしまったのだ。一度焼けた肉を元の状態に戻す方法があるわけもなく、まもなく彼女は死んでしまった――。

1990年代後半から2000年代前半の「ガングロブーム」の頃に、女子高生の間で流布された都市伝説だ。当時は至る街に日焼けサロンがあり、肌を小麦色にするのが若い女性の最先端ファッションだった。よって、この話は実際に起きた出来事として伝えられ、しかも「渋谷の○○サロン」「チェーン店の▲▲の池袋駅前店」など具体的な店名が入ることが多かったため、より説得力を増した。

噂の起源は1980年代後半のアメリカにある。高校でチアリーダーを務めていた17歳の少女がハワイ旅行に行くため、事前に肌をきれいに焼いておこうと毎日7軒の日焼けサロンに通った結果、内臓が生焼け状態になってしまったというものだ。内容は日本で流布された話とほぼ同じだが、話が全米やカナダにまで広がったことにより、サロンの経営者が営業妨害であると猛抗議。業界紙『タンニング・トレンズ』がキャンペーンを張り、この噂が全くのデマであるとする記事を大々的に展開するまでの事態に発展したそうだ。

確かに、日焼けサロンに通いつめても、内臓がステーキ状態になったりはしない。日焼けサロンでは、波長の短い体に有害な紫外線をコントロールして、体にダメージのない波長の長い紫外線を使っているので安全とアピールしている。しかし、色が黒くなるのは皮膚に傷害が起こった結果メラニンがたくさん作られたためであって、皮膚のダメージなしに褐色の肌は得られないのもまた事実。時間の経過とともに皮膚にしみやしわが出て、時には皮膚がんを発症する危険性もある。

今ではすっかり見かけなくなったガングロギャル。写真はイメージ

都市伝説

折り鶴さん

親切心で鶴を折った女子大生に待っていた地獄

インターネットの「怖い話」として出現し、2015年前後に大学生の間に広まった都市伝説である。ディテールが具体的で、実話として信じているものも少なくなかった。以下、その概略である。

大学進学のため地方から上京、1人暮らしを始めた18歳のA子はある夜、バイト帰りに自宅の最寄り駅の前の薄暗い脇道で小さなデスクを前に、30代、40代の女性たちが4、5人で「幼いかすみちゃんの心臓移植の手術が成功しますように折り鶴をお願いします」と呼びかけている姿に遭遇した。

大学で社会福祉学を専攻するA子はボランティアにも積極的で、そのときも、かすみちゃんという難病で苦しむ少女のため鶴を折った。それを40代の女性に差し出すと「ありがとうございます。よろしければ、ご住所とご連絡先とお名前を頂戴したいのですが」と言う。少し戸惑ったA子さんだったが、ノートにはすでに多数の名前が書かれていたこともあり、正直に記入してしまった。

それから数ヶ月、折り鶴を折ったことさえも忘れかけていたある日、突如、彼女の携帯電話に女性の声で「なにをしているの！　明日までに折り鶴10個送りなさい！」と強い口調で連絡があった。戸惑うA子さんに、女性は「かすみちゃんに早く元気になってもらいたいでしょ！」とさらに語気を強める。さすがに怖くなり、いったんかかってきた電話番号を着信拒否設定にしたものの、その後もA子さんの携帯には、次から次に様々な番号から「明日までに折り鶴20個作りなさい！　こっちは住所も知ってるんだからね！」と脅しの電話がかかってくるようになる。

A子さんは恐怖心のあまり、日常的に体が震え、夜も眠れなくなってしまった。やがて学校もバイトにも行かなくなり、部屋から出られない状態に。心配した両親が上京してみると、そこにはすっかり体を壊し、痩せ細った娘が部屋の隅でうずくまっていた。両親は、すぐに彼女を実家に連れ戻し、近所の心療内科クリニックに彼女を入院させる。

A子さんが入院した部屋は二人部屋で、先に30半ばの女性B子さんがいた。摂食障害で入院しているというB子さんは、とても明るく親切にA子さんに話しかけ、彼女と交流をはかるうちに、A子さんの精神状態もしだいに安定してきた。さらに、地元の友人たちも頻繁にお見舞いに来てくれ、入院してから1週間後には、すっかり体調を取り戻す。両親に携帯電話を新しく買い換えてもらってからは、女性からの連絡もなくなっていた。

退院を翌日に控えたA子さんは部屋を片付けつつ、お世話になったB子さんにお礼を述べた。すると隣のベッドに横になっていたB子さんは、ゆっくり体を起こして、笑顔でこう言った。

「これで、またかすみのために折り鶴を折ってやってくださいますね」

その後A子さんは、退院を取りやめ別の病院へ転院した――。

都市伝説

エイズ・メアリー

一夜をともにした女性がルージュで残した恐怖の伝言

大都会ニューヨークから田舎のネブラスカ州に出張で訪れたビジネスマン3人が、仕事終わりにバーのテーブルで飲んでいた。ふとカウンターを見ると、若い女性が1人で座っている。男性のうちの1人が彼女を気に入り声をかけると、「どうぞ、お隣に」と返事が。ナンパ成功。彼が仲間に親指を立てて見せると、2人は笑いながら宿泊先のホテルに戻っていった。

果たして2人の会話は弾み、彼は酒の力を借りて「よかったら、俺の泊まってるホテルに来ない？」と誘ったところ、すんなりオッケーが出た。こんなラッキーがあるのか、やはり田舎娘はシティボーイに弱いのか。男はまんまと彼女を部屋に連れ込み、行為に成功する。そして翌朝。目覚めると、彼女の姿がない。自分の寝ている間に帰ったのだろうか。まぁいいだろう。どうせ一夜限りの関係。連絡先も交換していない。さして気にせず、シャワーを浴びに入ったバスルームで、彼は戦慄する。鏡に、赤い口紅で「エイズの世界へようこそ」と書かれていたのだ――。

これは、エイズ（ＨＩＶ）が社会問題になり始めた1980年代のアメリカで生まれ、1990年代に日本に伝搬、舞台を歌舞伎町などのラブホ街に変え伝承された都市伝説だ。言うまでもなくエイズは性交渉が主たる感染要因。関係を持った相手が陽性者と知れば震え上がることは想像にかたくない。

日本では「ルージュの伝言」と呼ばれるこの話は、アメリカで「エイズ・メアリー」のタイト

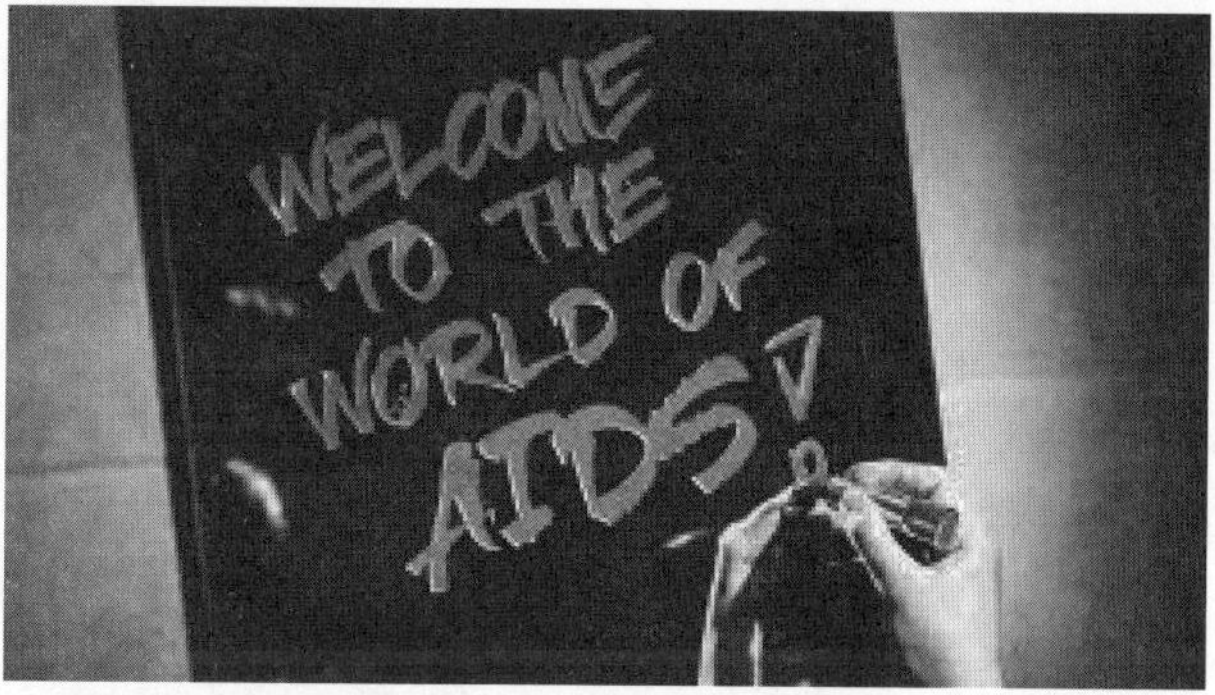

「Welcome to the world of AIDS」=「エイズの世界へようこそ」。写真はイメージ

ルが付けられている。由来は、1900年代初頭、ニューヨーク市周辺で散発した腸チフスの原因とされる実在の女性メアリー・マローンの事件だ。アイルランド生まれの彼女は14歳のとき単身アメリカに渡り、ニューヨーク周辺で家事使用人にとして働いていたが、メアリーが雇われた家で次々にチフス患者が発生。不審に思った1人の衛生士によって、彼女が感染源だと判明する。検査の結果、メアリーの便からチフス菌が検出されたのだ。彼女は自分が菌の保有者であることなど全く知らなかった。

2年間の隔離生活の後、条件付きで釈放されたメアリーは、ニューヨークの産婦人科病院で働いた。が、そこでも25人の感染者が出て2人が死亡する事態に。メアリーは再び隔離施設に送られ、1938年に69歳で死亡するまでの23年間、一歩も外に出ることを許されなかった。メアリーは、人種差別の被害者と評される一方、一部では意図的に事件を引き起こした「世紀の大悪人」と言われている。

首を吊って死んでいる姿が夜空を見上げているように

都市伝説

マンションの一室の窓から見つめる女性

　ある夜、男性がマンションの一室から美しく輝く星空を見上げていた。男性がふと向かいのマンションに目をやると、その部屋の住人らしき女性も同じく星空を見上げていた。その後も男性が夜空を見上げる日には必ず女性も夜空を見上げており、男性は次第に彼女に好意を持つようになる。

　ある日、男性は彼女に会おうと決意し（空が曇っていて星が見えていないのに、空を見上げていることを不審に思い、というパターンも存在する）、向かいのマンションの彼女の部屋を訪ねる。扉を開けると、そこには窓際で首を吊って死んでいる彼女の姿があった。首を吊って死んでいる姿が、夜空を見上げているように見えていたのである――。

　茨城県つくば市（筑波研究学園都市）発祥として語られることもあるこの話には、バリエーションとして、道を歩いていた男性がふと誰かの視線を感じ、辺りを見回すとマンションの一室から女性が自分を見下ろしているというもの（結末は同じ）や、確かに彼女は自殺していたが、男性が彼女の存在に気づく以前に葬儀を終えていた、つまり男性が見ていた女性は幽霊であったという結末のものなどが存在する。

　ちなみに、首吊り自殺を行った場合、ロープのかかった首を支点とし頭部はその重みで下を向くため、通常、死体の目線が上を向くことはないそうだ。

何もない部屋の壁一面に「おかあさん ごめんなさい だして」

都市伝説

赤いクレヨン

ある夫婦が、かねてより夢であった一軒家を購入した。中古物件だったが、ほとんど新築同然で、しかも破格値。大満足で手に入れた物件だった。ある日、彼らは赤いクレヨンが廊下に落ちているのを見つける。夫婦には子供はなく、家に誰かが入って来た形跡もない。そのときは特に気に留めなかったが、以後、不可解な現象が次々と起こり、夫婦は疑い始める。もしかしたら、この家は曰く付きの物件ではなかろうか。調べた結果、家にもう一つ部屋があることに気づいた。意を決した夫婦は、その「隠された部屋」周辺の壁紙を剥がす。と、そこには、釘打ちされた扉があり、さらにその扉を開けると、何もない部屋の壁一面が「おかあさん ごめんなさい だして」という赤いクレヨンで書かれた文字で埋め尽くされていた――。

これは、タレントの伊集院光が1997年頃、山田邦子司会のバラエティ「しあわせにしてよ」(TBS系)内の怖い話企画で発表したものである。この話を聞いた視聴者の中に、自分の体験した恐怖体験として雑誌投稿などをする者が現れ、やがて「友達の友達の体験」といった口コミに尾ひれがついて拡散、次第に都市伝説として定着していった。話は伊集院の完全な創作だが、噂の流布に伴い、伊集院自身も仕事関係者から都市伝説としてこの話を聞かされたことがあったと話している。

暖房のない山小屋で一夜を凌ぐため学生が考えた方法

都市伝説

スクエア

大学の山岳部の5人が雪山へ出かけた。山に着いた当初は晴れていたが、昼頃から雪が降り夕方には猛吹雪となったため学生たちは避難することに。その途中、1人が落石で頭を割られ死亡、仲間の1人が死んだ仲間を背負って歩いていた。

やがて4人は山小屋を見つけ中に入る。が、そこは無人で暖房も壊れていた。「このまま寝たら死ぬ」と考えた4人は吹雪が止むまで凌ぐ方法を編み出した。4人が部屋の四隅に1人ずつ座り、最初の1人が壁に手を当てつつ2人目の場所まで歩き2人目の肩を叩く。1人目は2人目が居た場所に座り、2人目は1人目同様、壁に手を当てつつ3人目の場所まで歩き肩を叩く。2人目は3人目がいた場所に座り、3人目は4人目を、4人目が1人目の肩を叩くことで一周し、それを繰り返すというものだ。自分の番が来たら寝ずに済むし、次の仲間に回すという使命感で頑張れるという理由から考え出されたものだが、仲間の1人が、「この方法だと1人目は2人目の場所へと移動しているので、4人目は2人分移動しないと1人目の肩を叩くことができないので、4人でこの方法は不可能」と気づく。結果、死んだ仲間が5人目として密かに加わり、4人は無事に下山に成功した——。

この話、単なるホラーではなく、吹雪に閉ざされた山小屋という密室的シチュエーションがミステリーとしての要素を含んでいることもあり、2000年公開の映画「世にも奇妙な物語 映画の特別編」の第1話「雪山」の題材となっている。

落ちたら死が必至の崖の前でカーナビが放った一言

死ねばよかったのに

都市伝説

ドライブ中、トンネルを抜けるといきなり女が飛び出してきた。運転手が急ブレーキをかけ慌てて車を降りると、誰もいない。ふと車の先に目をやるとそこは崖で、急ブレーキをかけていなければ確実に落ちて死んでいたところだった。運転手は女を霊だと確信、車をバックさせようとした際、耳元で女の声が聞こえた。「死ねばよかったのに」――。

この怪談には他に2つ別のバージョンがある。運転中、カーナビが「5キロ以上道なりです」と案内した。日が落ち、山道に入っても、さらに前が見えないくらいの大雨となっても、カーナビはやはり「5キロ以上道なりです」と案内し続ける。突然の雷鳴に驚き、ブレーキを踏んだ運転手が嫌な気を感じて下車したところ、目前は断崖絶壁。そこでカーナビが「死ねばよかったのに」と言った。

もう一つ。彼女とドライブに出かけたが、日が落ちて道に迷ってしまう。彼女が「そこを右に曲がって」と言うので右折したところ、目の前は崖。「危ないじゃないか」と言おうと目をやると、寝ていた彼女が男のような低い声で「死ねばよかったのに」と言った。

他にも、カーナビに案内されるままに進んで行くと、崖の手前や大きな事故が起こった場所に行き着き、運転している人物が車に戻ってカーナビを操作しようとしたときに「私はここで事故で死にました」と話し出す派生版もある。

都市伝説

車の底から運転手の足をつかむ2本の白い手が

友だちだよな?

男2人、女2人の大学生4人が飲み会を開いた。全員が高校時代から友だち同士で、場は大いに盛り上がった。そのうち、1人が車で肝試しに行こうと言い始めた。ドライバーは、車で来たためアルコールを飲んでいない男性。彼の運転で幽霊が出るというトンネルに向かった。

トンネルの周りには歴史を感じさせるように、ツタが無数に生えていた。一同は車を降り、携帯電話で写真などを撮ってトンネルを散策した後、車へと戻った。しかし、全員が乗り込んだというのに、なかなか車は発進しない。不思議がる3人に対し、運転席の男性はなぜか黙ったまま、よく見ればかすかに震えている。

「どうしたの?」

「なあ、俺たち友だちだよな?」

「え? なんだよ急に。当たり前だろ。友だちに決まってるじゃん」

「何があっても見捨てないよな。だったら俺の足元を見てくれないか」

言われたように3人が彼の足元を覗き込むと、底から生えた2本の白い手が、彼の足をがっしりとつかんでいた――。

ネットでは有名な幽霊系都市伝説で、この後、恐怖のあまり友だちを見捨てて逃げた3人が気を取り直し戻ってみると「運転手はすでに息絶えていた」「運転手が全身ツタに絡まっていた」「車ごと消失していた」などのオチがある。

第4章 呪いとジンクス

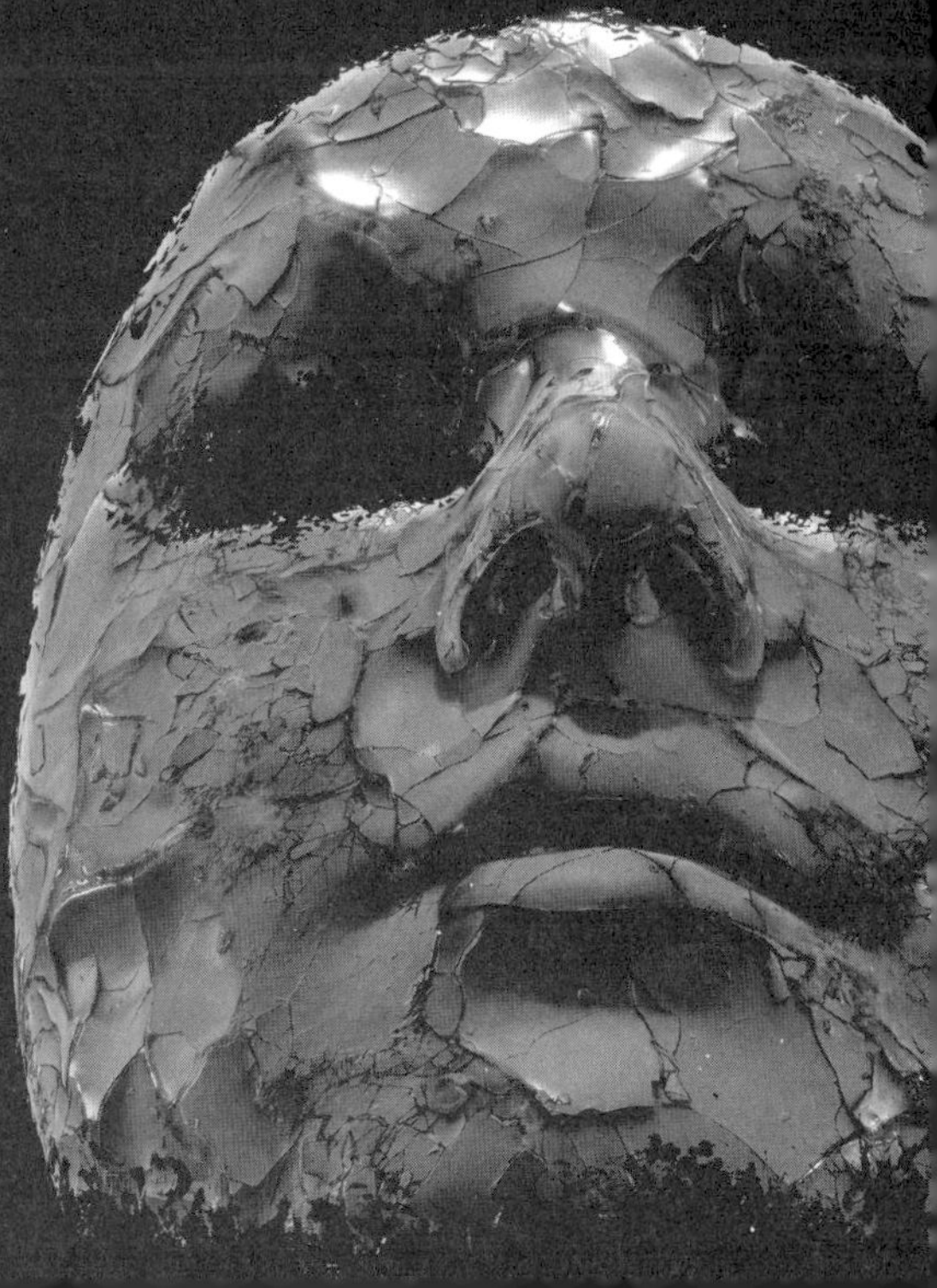

西暦で20の倍数年に選挙戦を勝った米大統領は任期中に死亡する

都市伝説

テカムセの呪い

「テカムセの呪い」とは、西暦で20の倍数の年に選出されたアメリカ合衆国大統領が在任中に死亡するという説だ。呪いの主はインディアン部族のひとつショーニー族のテカムセ酋長で、19世紀初頭、白人入植者たちに土地を奪われ、迫害されていた先住民に一致団結を呼びかけ、合衆国軍に戦いを挑んだもののティッペカヌーの戦い（1811年）、イギリスと手を組んだテムズの戦い（1813年）ともに敗北。志半ばにして無念の戦死を遂げたテカムセは、アメリカ合衆国に呪いをかけたといわれ、合衆国軍の指揮官で、後の第9代アメリカ合衆国大統領ウィリアム・ハリソンを死に追いやったとされる。ハリソンが大統領選挙に勝利したのは1840年で就任は翌1841年3月。肺炎で死亡するのはそのわずか1ヶ月後のことで、ここから「テカムセの呪い」が始まったという。以下、呪いの犠牲になったとされる大統領を列挙すると（最初の西暦が当選年）、

▼1860年／エイブラハム・リンカーン／1865年4月14日、暗殺。
▼1880年／ジェームズ・ガーフィールド／1881年7月2日、暗殺。
▼1900年／ウィリアム・マッキンリー／1901年9月6日、暗殺。
▼1920年／ウォレン・ハーディング／1923年8月2日、心臓発作で死去。
▼1940年／フランクリン・ルーズベルト／1945年4月12日、脳溢血で死去。

▼1960年／ジョン・F・ケネディ／1963年11月22日、暗殺。

任期中に死亡したのは、ハリソンを含む7人で、1980年に当選したロナルド・レーガンは翌1981年3月30日に暗殺未遂に遭いながらも2期8年の任期を完うし大統領選から24年後の2004年に死去。また2000年に大統領選挙に勝利したジョージ・W・ブッシュは、2期目の2005年5月10日にグルジアで演説中、投げつけられた手投げ弾が不発に終わり、2期8年の任期を完うし2021年5月現在も存命。2020年、トランプとの選挙戦に勝ったジョー・バイデンは高齢が危惧されているものの、2021年5月現在、特筆すべき災難には遭っていない。

こうした事実から「テカムセの呪い」はすでに解けた、単なる偶然だったという意見が主流となっているが、複数のキリスト教団体は現在も呪いを真剣に捉え、祈祷に勤めているという。

呪いにかけられ大統領在任中に死亡したとされる7人

都市伝説

ラモーンズの呪い

オリジナルメンバー全員が早くに死亡

米ニューヨークで1974年に結成、ニューヨーク・パンクを牽引し、1996年に解散した伝説のパンクロックバンド、ラモーンズ。セールス的には歴史に残るヒット作こそなかったものの、デビュー当時からコアなロックファン、音楽評論家から高い評価を受け、2011年、雑誌『ローリング・ストーン』が発表した「歴史上最も偉大な100組のアーティスト」では第26位に選出されている。

オリジナルメンバーはボーカルのジョーイ・ラモーン、ギターのジョニー・ラモーン、ベースのディー・ディー・ラモーン（1989年脱退）、ドラムのトミー・ラモーン（1978年脱退）の4人。全員、姓がラモーンだが血縁関係はなく、これは、ポール・マッカートニーがビートルズの前身シルヴァー・ビートルズ時代に使っていた芸名「ポール・ラモーン」にちなみ、ディー・ディーが名付けたものだ。

4人は1940年代後半から1950年代前半に生まれ、2021年現在だと60代後半から70代前半の年齢だが、ジョーイは2001年にリンパ腺がん（享年49）、ディー・ディーは2002年にヘロインの過剰摂取（同49）、ジョニーは2004年に前立腺がん（享年55）、トミーは2014年に胆管がんでこの世を去った（同65）。世の平均寿命からすれば早い死と言わざるをえず、しかもオリジナルメンバー全員がすでにこの世にいないことから、ロックファンの間で、

デビューしてもまもない1970年代半ばのラモーンズ。
左からディー・ディー、トミー、ジョーイ、ジョニー

彼らの死は「ラモーンズの呪い」と呼ばれているそうだ。

2017年8月4日配信のニュースサイト「ミステリー・ユニバース」によれば、ラモーンズの音楽には絶えず「死」がつきまとい、1987年に発売されたアルバム「Halfway To Sanity」のジャケット裏面には墓石が写り、同アルバム最後の曲「Worm Man」の中でジョーイは不吉に「死んだほうがマシ、死んだほうがマシ」とリフレイン。また、1989年のミュージックビデオ「ペット・セメタリー」では、メンバー全員が墓穴の中に沈んでいく様子が映し出されているそうだ。

単なるこじつけとも言えそうではあるが、ジョーイは脊髄に奇形腫を持って生まれ、その影響で足の感染症に生涯苦しみ、ディー・ディーは深刻な薬物問題を抱え、ジョニーが医者嫌いでがんの発見が遅れたことは事実。最後のトミーを除けば、彼らは死ぬべくして死ぬ運命にあったのかもしれない。

都市伝説

「スーパーマン」の呪い

作品に関わった俳優を襲う不幸の連鎖

アメリカのコミック出版社ＤＣコミックスから誕生した架空のヒーロー「スーパーマン」。２０２１年までに実写映画11本、アニメ映画６本、テレビの主演ドラマ４本、主演アニメ９本が制作されている大ヒットシリーズだが、本作に出演した多くの俳優が次々にが不幸に見舞われていることでも知られる。

有名なところでは、１９５１年の映画「スーパーマンと地底人間」と、同年から始まった連続テレビドラマ「スーパーマンの冒険」で主役を演じた俳優のジョージ・リーヴス。ドラマは１９５８年まで続き大ブレイクを果たしたものの、スーパーマンのイメージが強過ぎて、放送が終了すると他の役が得られずスランプに。翌１９５９年６月、結婚式の３日前にロサンゼルス市内の自宅寝室でショットガンによる射殺死体となって発見された。また、１９７８年から１９８３年まで映画４部作に主演、スーパーマン役としては最も著名なクリストファー・リーヴは１９９５年、クロスカントリー競技中に落馬して首を骨折、半身不随となっている（２００４年、心臓発作により52歳で死去）。

この２人を襲った悲劇により世間に広まった「スーパーマンの呪い」は主演俳優ばかりではなく、他キャストにも及ぶ。１９７８年の映画「スーパーマン」でスーパーマンの赤ん坊時代を演じたリー・クイグリーは１９９１年、有機溶媒の吸入により14歳で夭折《ようせつ》。同作品以降のシリースでリーヴの恋人役を務めた女優マーゴット・キダーは激しい双極性障害に陥り、1996年に失踪。1993年のテレビシリーズ「新スーパーマン」でクラーク・ケント（＝スーパーマン）の上司ペリー・ホワイトを演じたレイン・スミスは2005年、筋萎縮性側索硬化症の診断を受け翌年死亡した。

その他、スタッフや関係者を含めると災難に遭った者は20人以上に及ぶが、これだけ多くの作品が発表されていることを考えれば、相応の出来事と片づけていいのかもしれない。しかし、一連の不幸は、他ならぬ作者の怨念から生まれたのではないかとの説もある。そもそも「スーパーマン」は1938年、原作者のジェリー・シーゲルと作画家のジョー・シャスターが生み出したもの。しかし、アメコミの場合、日本と違い作品の著作権を会社が保有するのが一般的。そのため、どれだけスーパーマンが大ヒットしようとも、利益は全てDCコミックスに入り、シーゲルとシャスターには他の作家と同じくらいの給料しか支払われなかった。2人は利益配分が不当だと裁判を起こすも、もらえたお金はたったの6万ドル。数百万ドルの売り上げから考えれば端金《はしたがね》で、彼らは生涯そのことに憤りを感じていたそうだ。

実写映画版4作でスーパーマンを演じたクリストファー・リーヴ。1995年、落馬により下半身不随となり晩年は車椅子での生活を余儀なくされた

都市伝説

六本木ヒルズの呪い

赤穂事件で切腹を命じられた浪士10人の怨念

六本木ヒルズは２００３年４月に開業した複合商業施設だ。高さ２３８メートルの高層オフィスビル（六本木ヒルズ森タワー）を中心に、集合住宅（六本木ヒルズレジデンス）、ホテル（グランドハイアット東京）、テレビ朝日本社社屋、映画館（ＴＯＨＯシネマズ）をはじめとする文化施設などで構成され、当初は楽天やライブドアなどＩＴ企業の雄が本社を構えたことで、勝ち組の象徴として認知された。

しかし、開業翌年から六本木ヒルズには次々と問題が発生する。まずは２００４年３月、森タワー２階正面入口で、母親と観光に訪れていた当時６歳の男児が大型自動回転ドアに挟まれて死亡。２００６年には、当時ライブドアの代表取締役社長を務めていた堀江貴文氏が証券取引法違反容疑で逮捕され、同事件に絡み、森タワー20階に本社を構えていた村上

六本木ヒルズの建つ港区六本木６丁目は、かつて赤穂事件に参加した浪士10人が切腹した場所でもある

ファンドによるインサイダー取引が明るみとなる。さらに2008年、同じく森タワーを拠点としていた人材派遣会社グッドウィルによる労働者の違法派遣問題が発覚。同年には、アメリカ合衆国の投資銀行であるリーマン・ブラザーズ・ホールディングスの経営破綻を端緒とする「リーマン・ショック」が発生した（日本法人のリーマンブラザーズ証券は森ビルの29～32階に入居していた）。

一時は「ヒルズ族」などと世間からもてはやされたものの一連の不祥事により、そのブランドは失墜。オフィスを別に移す企業や、転居する住民も少なくなかった。同時に、この頃から巷では「六本木ヒルズの呪い」なる噂が流布されるようになる。

歴史を遡ると、六本木ヒルズのある東京都港区六本木6丁目には江戸時代、長門長府《ながとちょうふ》藩主（長州藩毛利家の分家）、毛利綱元の麻布上屋敷があった。時は元禄。ここで一大事件が起きる。江戸城・松之大廊下で高家《こうけ》（江戸幕府の要職に就く旗本）の吉良上野介《きらこうずけのすけ》を斬りつけたとして、播磨赤穂藩藩主の浅野内匠頭《あさのたくみのかみ》が切腹に処せられたことへの復讐のため、旧暦1702年（元禄15年）12月14日、大石《おおいし》内蔵助《くらのすけ》以下47人の赤穂浪士が両国本所の吉良邸に討ち入り、吉良を殺害した赤穂事件である。

幕府は謀反《むほん》を起こした赤穂浪士を、細川綱利、松平定直、毛利綱元、水野忠之の4大名家に御預けとしたが、松平家の預かりとなった浪士が丁寧に扱われたのに対し、毛利家預かりの10人は通常の罪人として、窓や戸には板を打ち付け部屋に閉じ込められたという。そして翌1703年2月4日、幕府の命令により同屋敷内で全員が切腹。一部では、彼らの怨念が300年の時を経て「六本木ヒルズの呪い」を起こしたと言われている。

都市伝説

ミュージシャンを27歳で死なせる「27クラブ」の怪

ジミ・ヘンドリックスからカート・コバーンまで

「27クラブ」とは若くして成功を収めた欧米のミュージシャンは27歳で他界するというジンクスだ。

有名どころでは、まず1969年7月に自宅プールの底で遺体となって発見されたローリング・ストーンズの元ギタリスト、ブライアン・ジョーンズ。検死によりアルコールとドラッグの影響による不幸な出来事と結論づけられたが、翌1970年からロック界で同じような死が頻発する。同年9月、ロック界のレジェンド、ジミ・ヘンドリックスが酒と睡眠薬を併用し睡眠中に嘔吐したことで窒息死、その翌月にロックシンガーのジャニス・ジョプリンがヘロイン中毒死、1971年にはロックバンド・ドアーズのボーカリスト、ジム・モリソンが薬物多量摂取による心臓発

27歳で自殺したカート・コバーン

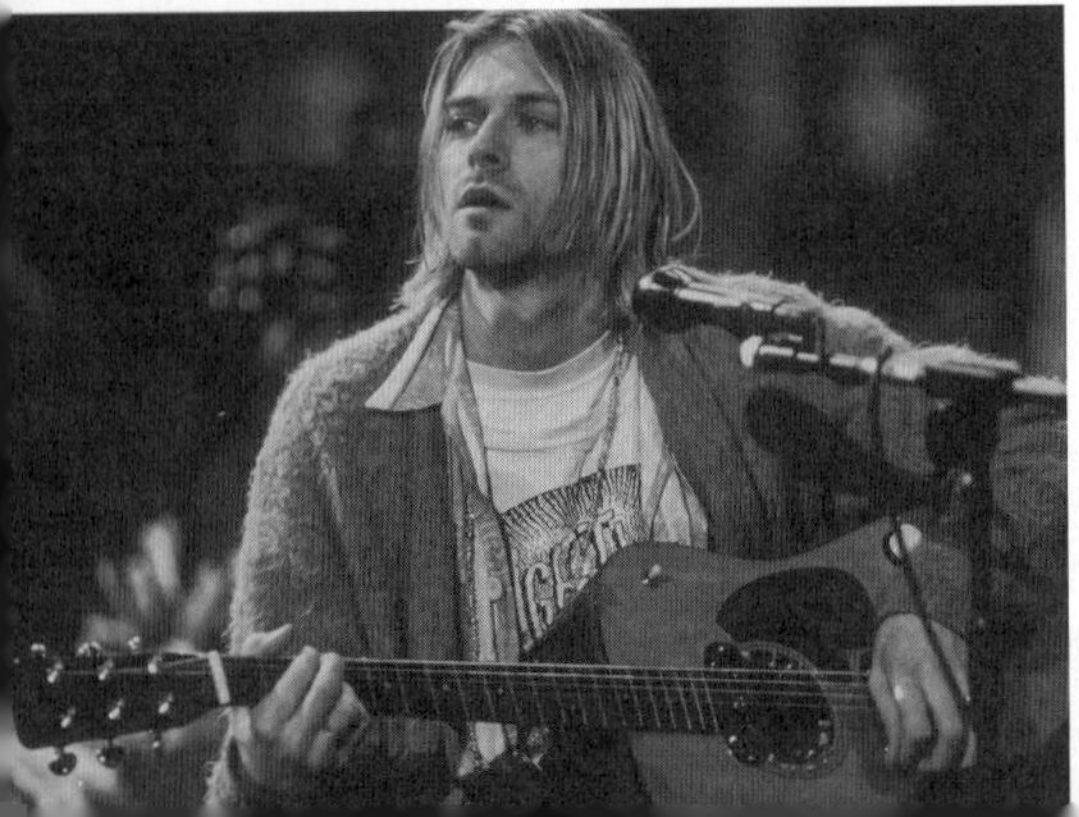

作でこの世を去った。

伝説として人々の記憶に残る大物ミュージシャン4人が、1969年から1971年の3年間に、26歳でも28歳でもなく27歳で立て続けに死亡したことは偶然の一致と認識されつつも、不吉なジンクスとして語られていた。そしてそれは、23年後の1994年4月、ロックバンド・ニルヴァーナのボーカリスト、カート・コバーンがアメリカ・シアトルの自宅で死亡したことにより〝呪い〟と化す。コバーンは1990年代の音楽シーンを席巻したミュージシャン。しかも、死因がショットガンで頭を撃ち抜いた自殺というショッキングなもので、さらに地元紙から取材を受けたコバーンの母親が「私はいつも、息子にそのクラブに入らないように言っていたのに」と語ったことで、一気に「27クラブ」が世に広まることになる。

その後、「27クラブ」の話題はしばらく沈静化していたものの、2011年7月、R&Bの人気シンガーソングライター、エイミー・ワインハウスがアルコールの過剰摂取が原因で27歳で死亡すると、再び注目が集まる。死の3年前、彼女は自分が27歳で死ぬことが怖いと公言していたそうだ。

なぜ、ミュージシャンは27歳で死亡するのか。2011年12月に医学雑誌『ブリティッシュ・メディカル・ジャーナル』に発表された調査、また2015年にイギリスの高級紙『インデペンデント』の記事でも、そこに科学的根拠はないとされている。しかし、「27クラブ」を信じる人は多く、パンクロッカーから映画俳優に転じたアントン・イェルチンが2016年に27歳で事故死したのも、この影響と噂された。

交響曲第9番を書いた作曲家は死ぬ

都市伝説

第九の呪い

クリスマスや年末の定番曲である ベートーヴェン作曲の「交響曲第9番」。1824年に同曲を発表したベートーヴェンは、第10番を完成させることなく3年後の1827年、56歳でこの世を去ったが、これに端を発し、クラシック界では、交響曲9番を作曲した者は10番を作れずに死亡するという「第九の呪い」が流布していく。

実際、ロマン派交響曲作曲家の巨匠ブルックナーは第9番を作曲していたものの、最終楽章をかけずに死亡し（1896年）、チェコを代表する作曲家ドヴォルザークは交響曲第9番「新世界より」以降、交響曲は書かずにこの世を去った（1904年）。こうした先例から「第九の呪い」を本気で恐れていたオーストリアの作曲家グスタフ・マーラーは交響曲第8番を作曲した後、次の交響曲に意図的に番号を付けず「大地の歌」と命名。その後、第9番を2ヶ月かけて完成させるが、初演を聴くこともなく心臓病で息を引き取る（1911年）。「大地の歌」を交響曲第9番としておけば、第10番も作曲したことになったにもかかわらず、マーラーは自分自身で「第九の呪い」を証明してしまったのだ。

その他、ヴォーン・ウィリアムズ（1958年没）、エゴン・ヴェレス（1974年没）、アルフレート・シュニトケ（1998年没）など呪いにかかったとされる作曲家は少なくないが、一方で呪いとは無縁の者も多い。第5番「レノーレ」で知られるヨアヒム・ラフが番号付きだけで

「第九の呪い」を本気で恐れていたにもかかわらず、9番作曲の2年後、50歳で死去したグスタフ・マーラー

も交響曲を第11番まで作曲し、第一次世界大戦後ではミャスコフスキーが27曲を作曲。第二次世界大戦後で10番以降を書いた作曲家では、15曲のショスタコーヴィチ、32曲のブライアン、12曲のヴィラ＝ロボス、12曲以上のミヨー、20曲のヴァインベルク、11曲のシンプソン、10曲のヘンツェなどがいる。

また、ベートーヴェン以来最大の交響曲作曲家ブラームスは、4曲しか交響曲を作っていない。ブラームスは交響曲の巨匠ベートーヴェンを尊敬するあまり、交響曲第1番の作曲には21年もの月日を費やし、完成させたのは43歳。9つの交響曲を書くほどの寿命は残っていなかった。ただし、彼がオーケストラのための小品が5つあり、これを合わせると9曲という見方もできる。

ちなみに、クラッシク界には「第九の呪い」以外に「第七の呪い」があり、オーストリアのシューベルト、フィンランドのシベリウス、ロシアのチャイコフスキーやプロコフィエフらが7つの交響曲を作曲したのちに生涯を終えている。

長女は22歳で元恋人に殺害され、三女は12歳で病死

都市伝説

映画「ポルターガイスト」の呪い

新興住宅地に購入した家に越して来た一家に心霊現象が次々と起こり、不動産会社勤務の父親が調べたところ、その場所はもともと墓地とわかる――。1982年に公開された映画「ポルターガイスト」は「エクソシスト」（1975年）と並び称されるホラー映画の金字塔だ。大ヒットを受け、映画は1986年に第2作「ポルターガイスト2」、1988年に第3作「ポルターガイスト3／少女の霊に捧ぐ…」が制作されたが（2015年にもリメイク版が作られたが日本未公開）。本作は126ページでも取り上げた「スーパーマン」同様、出演者が次々に不幸に見舞われていることでも有名だ。

1作目で一家の長女ダナを演じたドミニ・クダンが公開直後の1982年11月、自宅で絞殺され22年の短き生涯を閉じた。犯人はレストランの副シェフの男性で一時は彼女と同棲していたが、独占欲が強いうえに暴力を振るうようになったため、ドミニクから関係を解消。それでも、男は復縁を迫ってドミニク宅を何度も訪れ、ある日、男優と自宅で稽古中だった彼女と口論になり首を締めて殺害するに至った。判決は懲役6年半だったが、犯人は3年で出所しドミニクの家族を失望させたという。ちなみに、この災難は劇中で本物の頭蓋骨を小道具にした祟りと噂された。

2作目で悪役ケイン牧師を演じたジュリアン・ベックは公開前の1985年9月、胃がんで死亡。その2年後、同じく2作品目に出演したテイラー役のウィル・サンプソンが腎不全でこの世

を去った。他にも、1作目に端役で出演していた俳優のルー・ペリーマンが2009年4月、テキサス州オースティンの自宅で、刑務所から出てきたばかりの26歳の元強盗犯の男性に斧によって殺害され、2作目の監督ブライアンギブソンは骨髄腫（ユーイング肉腫）のため、2004年1月、59歳の若さで他界している。

極めつけは、シリーズ3部作で一家の末娘キャロルを演じたヘザー・オルークだ。彼女の体に異常が現れたのは2作目公開の翌年1987年1月のこと。当初はただの風邪と思われたが、後に原因不明の腸疾患であるクローン病と判明。それでも、彼女は3作目の撮影に挑み見事に役をこなす。状態が急変するのは1988年1月31日夜。突然嘔吐し、翌2月1日、意識が薄れたことで救急車で病院に運ばれる途中に心肺停止。一時は回復するも、同日午後、息を引き取った。享年12。死因は初めインフルエンザと報告されたが、検死官は腸閉塞・感染性ショックによる心停止と発表した。

3作目公開前に12歳で他界した一家の三女役ヘザー・オルーク。
3作目の副題として付けられた「少女の霊に捧ぐ…」は彼女を指している

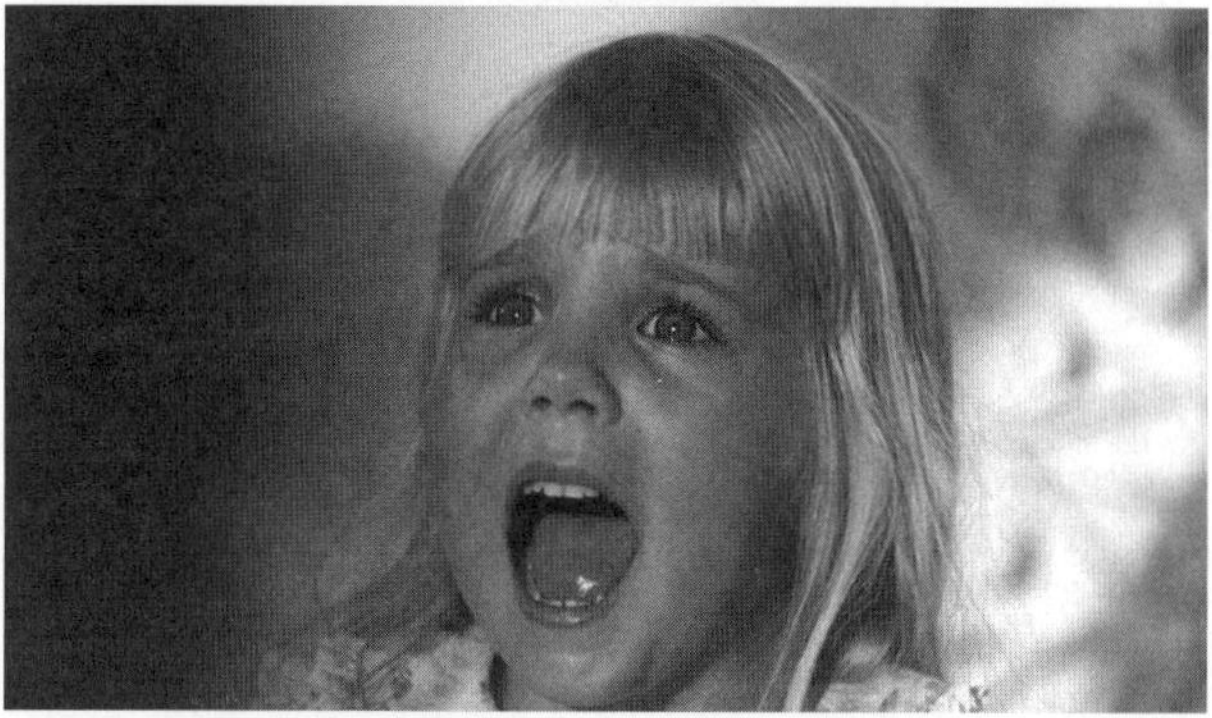

都市伝説

ゲティ一族の呪い

大富豪の家族を襲った誘拐、ドラッグ依存、自殺、突然死

２０１７年に公開された映画「ゲティ家の身代金」は石油産業で莫大な富を築いたアメリカの実業家ジャン・ポール・ゲティ（１８９２－１９７６）の孫ジョン・ポール・ゲティ3世が誘拐された実際の事件を描いたサスペンスである。劇中では、犯人からの身代金の要求を拒むゲティの有名なエピソードが辛辣に描かれているが、彼の一族には多くの不幸が襲っていることでも知られる。

まずは、映画の題材となった誘拐事件だ。発生は１９７３年7月。当時16歳だったゲティ3世がローマで誘拐され、ゲティの自宅に1千７００万ドルの身代金を要求する脅迫状が届く。ゲティは身代金を支払ってしまうと、14人いる他の孫たちにも誘拐の危険が及ぶと主張し、これを拒否。すると、その4ヶ月後、脅迫状とともにゲティ3世の髪の毛と切り落とされた耳が入った封筒が届けられる。最終的にゲティは交渉のすえ２９０万ドルで孫を取り戻すが、解放されたゲティ3世のその後の人生は悲惨の一言に尽きる。事件の翌年１９７４年にドイツ人女性と結婚、子供を授かるものの、誘拐による精神的なショックからアルコールと薬物依存に陥り、１９８１年、肝不全と脳梗塞を発症、頸髄損傷と視力の大半を失う。その後は闘病とリハビリを余儀なくされ、１９９３年には妻と離婚。２０１１年、母に介護されながら54歳の若さでこの世を去った。

他にもゲティ一族には若くして亡くなっている者が多い。ゲティは生涯で5人の妻との間に

5人の息子をもうけたが、最初の妻との間に生まれた長男ジョージ・ゲティ2世は1973年に会社経営のストレスから49歳で自殺。5番目の妻との間に生まれたティモシー・ゲティは脳腫瘍により12歳で夭折。このときゲティは葬儀にも出席しなかったそうだ。また、三男であるユージン（誘拐されたジョン・ポール・ゲティ3世の父親）の2人目の妻であるオランダ人女優のタリサが、1971年にヘロインの過剰摂取で死亡している。

さらに、家業に携わり莫大な富を得た四男ゴードンの次男アンドリュー・ゲティが2015年4月にロサンゼルスの高級住宅地ハリウッド・ヒルズの自邸浴室で原因不明の突然死を遂げ、その5年後の2020年11月には、アンドリューの弟ジョン・ギルバート・ゲティ（52歳）がテキサス州のホテルで亡くなっているのが発見された。死因は不明。生きていれば約5億ドルを超えるゲティ家の遺産を相続する予定だったという。ゲティ一族の呪いは今後も続くのだろうか。

一族の創始者ジャン・ポール・ゲティ。「類まれなケチ」として名を馳せた

都市伝説

丑《うし》の刻《こく》参《まい》り

藁人形を五寸釘で打ち付ける呪いの儀式は脅迫罪に該当

「丑の刻参り」は江戸時代にその手法が確立された呪いの儀式だ。丑の刻とは、夜中の午前1時から3時頃を指し、この時間帯に神社境内の樹木に呪い殺したい相手に見立てた藁人形を五寸釘（15・15センチ）で打ちつけ、呪いの言葉を唱える。この際の衣装は白装束《しろしょうぞく》で、髪の毛は乱れ髪の蓬髪《ほうはつ》でなければならないとされている。また顔にも化粧を施すとされるが、真っ白な白粉を顔中に塗る説と、真っ赤な紅を顔や体に塗る説があり、どちらが正統なのかは不明だ。その他、口に櫛や両端に火をつけた細い松明《たいまつ》を咥えなければならないという説もある。

この儀式を7日間続けると、悲願は成就されるという。が、その反面、丑の刻参りをしている姿を人に見られたら効果がなくなり、しかも近年では効果がなくなるどころか、呪いの念が自分自身に返ってきてしまうという説も唱えられている。

それでも現在もなお、神社や寺の裏林の木に時折、五寸釘で打ち付けられた藁人形が発見されるという。それだけ、人間の恨みは根深いということだろうが、呪術によって人を殺そうとする行為が止まない理由の一つに、呪いで人を殺しても殺人罪に問われないことがあるだろう。日本をはじめ、多くの先進国の現代刑法は、オカルト現象を否定している。科学的かつ合理的な方法でなければ、いくら殺意があっても相手を殺した証明ができない。そのため、呪いで人を殺しても殺人罪では捕まらないのだ。

現在も神社の境内でこんな光景が…。
写真はイメージ

しかし、殺人罪に該当しなくとも、丑の刻参り、及びそれに類似した呪いの実行は違法である。2017年1月、群馬県藤岡市に住む無職の51歳男性が、好意を寄せていたとみられる女性の名前を書いた藁人形を放置し脅したとして逮捕された。人形は麻製で長さ約20センチ。長さ6・5センチの2寸くぎが刺さり、赤い塗料で顔のようなものが描かれていたそうで、男は脅迫罪の容疑で逮捕されたという。同年10月にも、東京都江戸川区にある区立小学校の通学路に、子供たちに向けた呪いの言葉を書いたとして42歳の無職男性が脅迫罪で逮捕されている。報道によれば、当初は公園のベンチなどに落書きする程度だったが、次第に歩道橋に「小学校のクソガキども　ここからとびおりてみんな死ね」など怨嗟の言葉に満ちた脅迫文をつけた藁人形をつるすなど、犯行はエスカレート。その一部始終が防犯カメラに記録されていたことで逮捕となったという。いずれも愚かな犯行だが、恨む相手を藁人形に見立てる丑の刻参りの考えが今も残っていることは間違いない。

都市伝説

「リンダ・ビスタ・コミュニティー病院」の呪い

抗争で負傷したギャングや身元不明の患者を受け入れていた病院

米ロサンゼルスのど真ん中に一つの病院の廃墟がある。クリント・イーストウッド主演の映画「シークレットサービス」、ダスティン・ホフマン主演の映画「アウトブレイク」、海外ドラマ「ER　緊急救命室」などのロケ地となったリンダ・ビスタ・コミュニティー病院の跡地だ。

同病院は1904年、負傷した鉄道工事員たちを治療するため、サンタフェ海岸線病院という名で開業し、その後、リンダ・ビスタ・コミュニティー病院と改名。地域住民に対して総合的な医療を提供してきた。しかし、1970年代以降、ギャング同士の抗争で負傷した患者が大勢運ばれてくるようになり、病院の雰囲気は一転する。「救えなかった」「見殺しにした」として医師がギャングに殺害される事件も起き、腕の良い医者や看護師たちが辞職したため医療体制が崩壊。死亡率が格段に上昇し、同時に多数の訴訟を抱え、1991年、閉院に追い込まれる。

廃院後、古びたベッドや壊れた医療器具などは放置されたままの状態となったが、中は比較的綺麗で、前記のように、映画やテレビドラマのロケ地として使われるようになる。しかし、この病院には行き場を失った霊が多数彷徨《さまよ》っており、突然、吐き気をもよおすような悪臭が流れたり、苦しそうなうなり声を聞いたり、亡霊が現れたりするという心霊現象が起きるという。恐怖体験をした者は多数おり、これまで複数の超常現象調査隊も乗り込み、カメラに霊が映ったこともあるそうだ。

実はこの病院、廃院する少し前から、大勢の身元不明の患者を引き受けていたが、その患者が亡くなり市や警察に届けを出した後、引き取り手がないため病院の焼却炉で遺体を燃やしていたそうだ。が、遺灰を処理するまで手が回らず、今でも焼却炉には大量の遺灰が放置されたままになっているという。

そうして成仏できなかった霊が憎悪を抱きながら院内で彷徨っているというのがもっぱらの噂で、精神病棟の323号室には拷問のような治療で死亡した患者の霊、また1階フロアでは当病院で無念の死を遂げた少女の霊が駆けまわっているそうだ。

ちなみに病院の建物は2011年に売却され、低所得高齢者向け生活施設に改築されたが、現在もなお心霊の目撃情報は絶えない。

リンダ・ビスタ・コミュニティー病院（2006年撮影）

都市伝説

客船「クイーン・メリー」の呪い

戦時中の衝突死亡事故がきっかけで船内に亡霊が

「クイーン・メリー」は1936年から1967年にかけて北大西洋を横断する定期便として運航された豪華客船である。引退後はアメリカ西海岸のロングビーチで静態保存されることが決定し、現在はホテルやレストランとして稼働している。

ロングビーチ港のランドマークとしても市民に親しまれている一方、この客船は心霊スポットとしても有名だ。そもそもの発端は第二次世界大戦中の1942年。当時、クイーン・メリーは兵士及び食料などの輸送船として戦争に従事していた。同年10月2日、思わぬ事故が起きる。クイーン・メリーが護衛の巡洋艦キュラソーと衝突したのだ。巡洋艦は真っ二つに割れ、乗船していた338人が海に投げ出されたが、クィーン・メリーはドイツのUボートによる攻撃の危険があるため停船することは絶対に許さず、駆逐艦に救助を任せてその場を離れた。果たして、救援が得られなかった巡洋艦乗組員全員が死亡。この事故の死者および、これまでにクイーン・メリー号内で死亡した50人以上の亡霊が棲みついていると噂されているのだ。

最も有名なのは、ファーストクラス用プールで溺死した2人の女性の霊。1人は1930年代、もう1人は1960年代の水着を着ているそうだ。またクイーンズサロン（元ファーストクラスラウンジ）には白いイブニングドレスを着たロングヘアーの美女の霊が出現。寂しそうな表情で踊っていたり、ドレスの裾をたなびかせながらサロンを横切っていく姿が頻繁に目撃されているという。

その他、巡洋艦キュラソーに衝突した貨物室部分から聞こえてくる同船死亡者の悲鳴や鉄の壁を叩く音、ファーストクラスのスイートルームに現れるスーツ姿の男性、三等船室のB340号に出没する1950年代に船内で殺された男性客室乗務員、戦時中に料理が不味いという理由だけで兵士に殺されたとされるコックの悲鳴、1960年代に訓練中に亡くなった18歳の船員ジョン・ペダーの霊などが目撃されているそうだ。

具体的かつ数多くの心霊情報が寄せられていることから、クイーン・メリーを保管する側も「確かに幽霊はいる」と認めているという。

ホテルとして使われている現在の「クイーン・メリー」号。下は女性の霊が頻繁に目撃されているファーストクラスのプール

都市伝説

ジブリの呪い

「金曜ロードショー」でジブリ作品が放映されると株価が下落する

株式市場には、「アノマリー」と呼ばれる、理屈では説明のつかない様々な経験則が存在するといわれている。「ジブリの呪い」はその中の一つで、なんでも日本テレビ系列局がスタジオ・ジブリのアニメ映画を放送するたびに東京市場で株・外為が大荒れになるという。その根拠とされているのが2010年1月から2013年7月までの統計である。この間、ジブリ作品は24回放映されてきたが、そのうち3分の2近くで放映後の最初の取引日に東京市場で円高が起こり、また約半数の場合で株価が下落したそうだ。この不可解な現象はアメリカの有力紙『ウォール・ストリート・ジャーナル』でも取り上げられている。

常識で考えれば、そこに何の因果関係もないはずだ。しかし、一部には日本テレビ系でジブリ作品が放映されるのは「金曜ロードショー」が多く、「株式の出来高（取引数量）が最も大きくなるのは金曜日」という定説から、出来高が大きい日は株式の売買が活況となり大きな値動きが生じやすくなるという。また、金融界では5月から10月にかけて株価が下落しやすく、特に8月は「夏場の格安」と呼ばれているのだが、2019年は8月16日に「千と千尋の神隠し」、23日に「崖の上のポニョ」、30日には「天空の城ラピュタ」と、8月に3週連続でジブリ作品が放映され、このときも株価は下落したそうだ。が、その一方で、過去の統計データから、「法則」の成立自体が疑わしいという意見もあるのも事実だ。

ジブリには、「耳をすませば」が放映されると「自殺したくなるという書き込みが増える」という都市伝説もある。1995年公開の同作品は中学生の男女の恋愛模様を描いた物語。その多くは十代の頃にこの映画を初めて見た人々で、十数年を経て改めて鑑賞すると、自らの「何もなかった」青春時代や、若かりし頃の無為に過ごした日々を嘆きたくなるというのである。この映画を観て感傷的な気持ちになることはあっても、自殺したくなるのはあまりにも飛躍しすぎだろう。が、実際、放映の後にはネット上に「耳をすませば自殺会場」などというスレッドも立てられ、そこでは「俺は老けた」「自分の人生なんだったんだろ」「見なきゃよかった」「もう死にたい」などとマイナス思考全開の発言で埋め尽くされるという。

両者に因果関係があるとは思えないが……

名曲「暗い日曜日」を聴いた人は自殺に誘われる

作曲家本人も自宅アパートから飛び降りて死亡

「暗い日曜日」は1933年、ハンガリーの作曲家シェレシュ・レジェーが発表した楽曲で、フランスの著名なシャンソン歌手ダミアが歌ったことで世界でヒット。その後ビリー・ホリデーやセルジュ・ゲンズブール、日本では淡谷のり子などがカバーしたことでも知られる。が、陰鬱なメロディーにのせ、ある暗い日曜日に死んだ恋人の女性を思い自殺する男の心情を歌ったこの曲は「自殺の聖歌」と呼ばれる。曲を聴いた人がハンガリー国内だけで157人、世界で数百人いるというのだ。

シェレシュにとって曲のヒットは予想外の成功で、すぐさま曲を生むきっかけとなった昔の恋人に連絡した。これを機によりを戻そうとしたのだ。が、そこで最初の悲劇が起きる。シェレシュが連絡した翌日、その女性が服毒自殺したのだ。そして、彼女の手元には「暗い…日曜日」という遺書が残されたていたという。

その後、「暗い日曜日」に誘われたと思われる自殺が世界各地で頻出する。ハンガリーの首都ブタペストの音楽酒場で地元のミュージシャンがこの曲を演奏したところ突然客の男性2人が拳銃自殺、ベルリンでは若い女性が「暗い日曜日」のレコード盤を置き首つり自殺、ニューヨークではガス自殺した女性が遺書に、葬式で「暗い日曜日」を流すよう記していたそうだ。もっとも、当時はナチス・ドイツによる軍事侵攻の危機が迫るなど自殺者が出てもおかしくない世相であったため、「暗い日曜日」が直接の原因ではないとする見方や、エピソードが盛られているという噂もあるが、自殺を扱った本作が〝引き金〟になった可能性は十分ありうる。実際、こうした事態を重く見たハンガリー当局は「暗い日曜日」のレコードの販売と演奏を禁止とし、イギリスのBBCも同曲を放送禁止としている。

「暗い日曜日」を作曲したシェレシュ・レジェー。1968年に飛び降り自殺

そして、本作の伝説の頂点というべき話が、作曲家シェレシュ自身の自殺である。亡くなる前の週の日曜日、69歳の誕生日を迎えたばかりの彼は、自宅アパートの窓から飛び降り自ら命を絶った。直接の動機は咽喉の病気があると思い込んでいたためとされるが、作った本人までもが自殺するとは異常としか言いようがない。ちなみに日本では、同曲をカバーしたフリー・ジャズのサックス奏者の阿部薫が1978年に睡眠薬の多量摂取により死亡、妻の作家・鈴木いづみは1986年に首を吊って自殺した。

水晶の夜、ヒトラー暗殺未遂、ベルリンの壁崩壊

都市伝説

11月9日はドイツにとって「運命の日」

ドイツの歴史、特に20世紀の歴史において、重要な事件がしばしば11月9日に起きたことを踏まえて、ドイツ国内ではこの日を「運命の日」を呼んでいる。以下、11月9日の主な出来事を列挙すると、

１９１４年／エムデン座礁　この年の7月に始まった第一次世界大戦の序盤で大活躍したドイツ海軍の軽巡洋艦エムデン。同艦はインド洋で通商破壊作戦に従事し、イギリスを大いに悩ませていたが、オーストラリア海軍の軽巡洋艦シドニーの攻撃を受け沈没しそうになったため、ドイツ海軍はエムデンを故意にノースキーリング島に大破座礁させた。

１９１８年／ドイツ革命　第一次世界大戦の長期化で疲弊していたドイツの国内各地で兵士や労働者による蜂起《ほうき》が発生。これを受けてドイツ皇帝ヴィルヘルム2世が国外逃亡し、社会民主党員のフィリップ・シャイデマンがドイツが共和制となることを宣言、君主制が終わりを遂げた。

１９２３年／ミュンヘン一揆鎮圧　前日の11月8日、アドルフ・ヒトラー率いるナチス（国家社会主義ドイツ労働者党）が武装蜂起を起こすが、あえなく鎮圧され、逃亡していたヒトラーも2日後に逮捕、刑務所送りとなる。ヒトラーがドイツの首相になるのは10年後の１９３３年。

１９３８年／水晶の夜　ナチスによるユダヤ人迫害事件で最も有名なものの一つ。この夜、ドイツ各地で、ユダヤ人の商店や家屋などが襲撃された。破壊されたガラスの破片が水晶のように見

えたことから、この事件は「水晶の夜」と呼ばれる。

1939年／ヒトラー暗殺未遂事件　ミュンヘン市内の将軍廟の前でミュンヘン一揆記念パレードが行われた際、スイスの神学生ゲオルク・エルザーがヒトラーを拳銃で射殺しようと試みたが、パレード見物の大勢の群集に阻まれて狙いが定められず失敗。エルザーは死刑に処された。

1967年／学生運動勃発　ハンブルク大学の学生が「タラールの下には1000年のカビ」とのスローガンを掲げた。これは、大学教授の権威主義的な態度を批判したもので、以降ドイツ国内で広がる学生運動の高揚の先駆けとなる。

1989年／ベルリンの壁崩壊　ドイツを東西に分断するベルリンの壁建設から27年、共産主義の退潮にともない、東ドイツ政府が旅行に関する規制緩和を決定。このことが、社会主義統一党中央委員会政治報道局長ギュンター・シャボフスキーによる記者会見で明らかにされると、ベルリンの市民はベルリンの壁の周囲に集まり、壁の両側の行き来を開放することを要求。最終的に、市民が建設機械などを使って壁を壊すことになった。

ナチス関連の事件は「運命」ではなく、ミュンヘン一揆に絡めた必然の出来事で、他は単なる偶然と捉えるのが常識的だが、未だにドイツ国内では11月9日に歴史的大事件が起きるものと信じている人も少なくない。

都市伝説

ケネディ家の呪い

アメリカの名門一家を襲う悲劇の連鎖

アメリカの名門、ケネディ家。政界や法曹界に数多くの人材を輩出しているが、その中に不幸な死に方をしている者が少なくないことから、ケネディ家には呪いがかけらていると言われる。

一家の中で有名なのは1963年11月22日にダラスで暗殺された第35代大統領ジョン・F・ケネディ（享年46）と、1968年6月6日に民主党の大統領予備選挙の祝勝会中に銃殺されたジョンの弟ロバート・F・ケネディ（同42）だが、それ以前にもケネディ家には少なからず悲劇が起きている。

ジョンの妹ローズマリーは先天性の知的障害を持ち、1941年、当時最先端とされたロボトミー手術を受けたものの激しい後遺症が残り人格が崩壊。2005年に逝去するまで施設での暮らしを余儀なくされた。また1944年には第二次世界大戦に従軍していたジョンの兄ジョセフが飛行機の空中爆破で死去（同29）、1948年にもジョンの妹キャスリーンが飛行機事故により28歳の若さで死亡している。

ジョンとロバートの暗殺事件後も不幸は連鎖し、1969年にジョンの末弟で政治家だったエドワードが自動車事故を起こし、同乗者が死亡。1973年には当時12歳だったエドワードの長男エドワード・ケネディ・ジュニアが骨肉腫のため右足の一部を切断するという悲劇に見舞われた。

ロバートの子供らにも不幸は襲いかかり、1983年、次男ロバート・ケネディ・ジュニアがヘロイン所持で逮捕。翌1984年、四男デイヴィッドが、薬物の過剰摂取で急死（享年28）、1997年に6男で弁護士だったマイケルがスキー事故で死亡し（同39）、2年後の1999年には、ジョンの長男で、将来の大統領候補だと期待されていた弁護士のジョン・F・ケネディ・ジュニアが軽飛行機の操縦を誤り大西洋上に墜落死した（同38）。この事故では同乗していた妻キャロリン（同33）と義姉も亡くなっている。

ケネディ家の兄弟。左から次男ジョン（暗殺）、三男ロバート（暗殺）、三男エドワード。長男のジョセフは第二次世界大戦中の飛行機事故で死亡

2000年代は目立った出来事はなく呪いは解けたかと思われたが、2010年代に再発する。2011年、エドワードの長女でTVプロデューサーとして活躍していたカラがスポーツクラブで心臓麻痺を起こし急死（同51）、翌2012年、ロバートの第3子ロバート・ケネデ

ィ・ジュニアから離婚を求められていた妻メアリーが、アルコール中毒と薬物乱用に苦しんだ後、自殺（同52）、2019年には、ロバートの孫シアーシャ・ケネディ・ヒルが、薬物の過剰摂取により22歳で死亡している。

直近では2020年4月、ロバートの孫娘で人権派弁護士として活躍していたメイヴ・ケネディ・マッキーン（当時40歳）に悲劇が襲いかかった。同月2日、新型コロナウイルスの感染を避けるため、メイヴの母が所有するメリーランド州の空き家に一家で滞在していたメイヴと息子ギデオン（同8歳）が、同州のチェサピーク湾でカヌーに乗って海に出たまま行方不明となる。4日後の6日、滞在していた海辺の家から南に約4キロ離れた海中で、メイヴの遺体発見。ギデオンの行方は現在もなお不明のままだが、死亡が確実視されている。

果たして、ケネディ家の呪いは存在するのか。一部には、悲劇の多くは、あらかじめ避けることもできた無謀な行い（飲酒運転、万全と言えない状態での飛行機の操縦、軍人や政治家のような戦死や暗殺の危険にさらされる職業を選んだこと）によって起こされた必然的な出来事で、そうした事例を除けば、大半が大家族にありがちな死でしかないという意見もある。が、不安を煽ってネタを作るマスメディアが今後もケネディ家の呪いを待ち望んでいることは間違いない。

第5章

名作アニメ・映画の不気味な噂

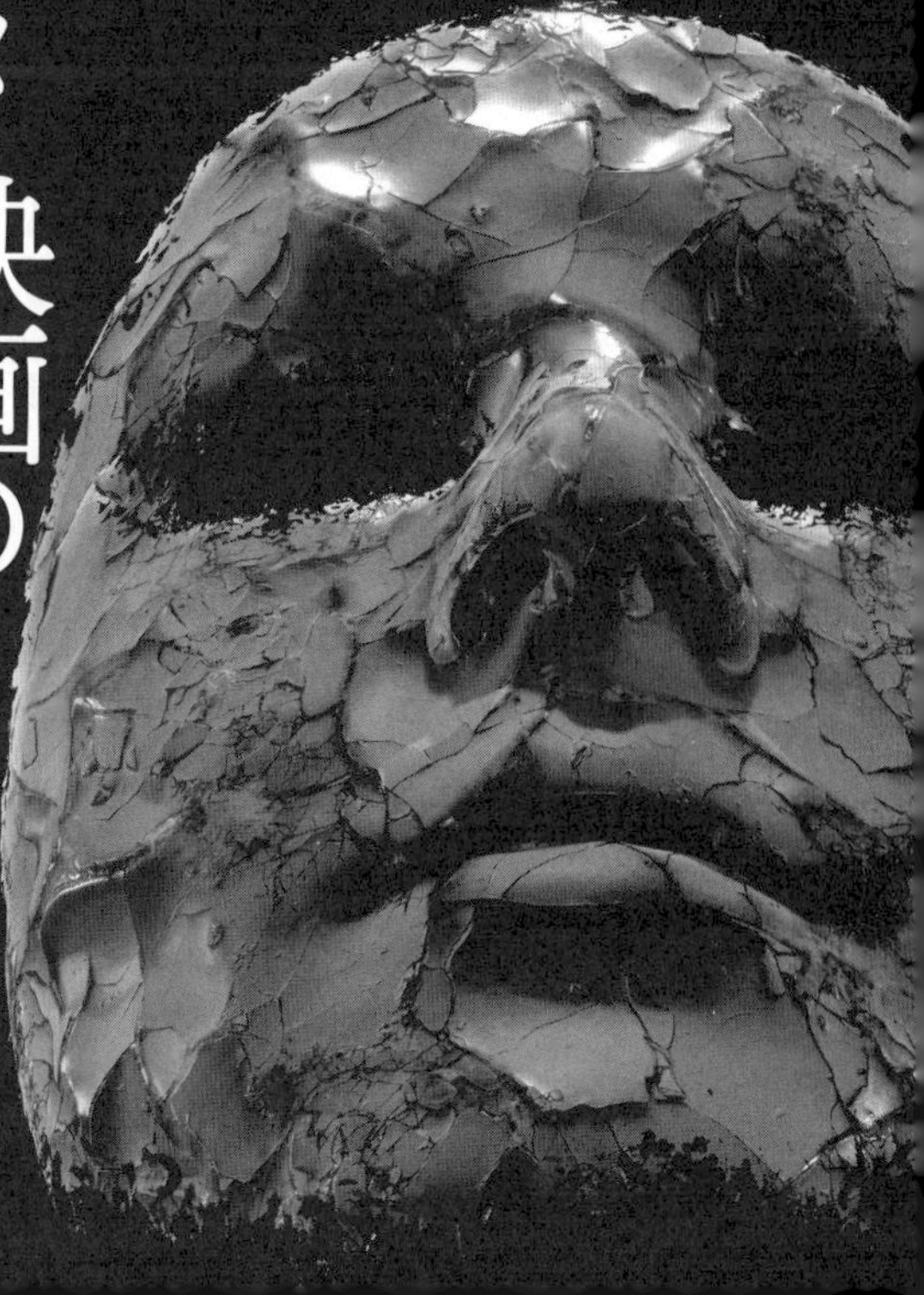

都市伝説

「ドラえもん」の、のび太は植物人間

噂の真偽を確かめる問い合わせが殺到

藤子・F・不二雄作の漫画で、テレビアニメ、映画としても大ヒットした「ドラえもん」。この国民的作品には〝最終回〟に関する有名な2つの都市伝説が存在する。

その一つ「のび太植物人間説」は1986年秋頃に子供たちの間で流布された噂で、「ドラえもんがいた話は全て、交通事故で植物状態となった（野火）のび太が見ていた夢である」というものだ。噂の真偽を確かめる問い合わせが「ドラえもん」の出版元である小学館に相次いだため、作者の藤本弘（当時は藤子不二雄コンビ解消前）が正式に「ドラえもんはそのような突然不幸な終わり方にはしない」とコメントを発表。藤本がこの年の夏病気で入院したため、そのような噂が生まれたと考えられている。その後出回ったチェーンメールでは内容が追加されており、「ある日、事故にあって植物人間状態になったのび太を、ドラえもんが〝どこでもドア〟を使いのび太をおぶって天国へと連れて行く」というものや「実はのび太は心身障害者で、ドラえもんは彼による作り話」といったものもある。

もう一つの噂は「ドラえもんの開発者はのび太説」だ。ある日、突然ドラえもんが動かなくなってしまう。確認すると原因はバッテリー切れと判明。再びドラえもんを動かすにはバッテリーの交換が必要。だが、妹のドラミが言うには、本来バックアップ用の記憶メモリーは耳の部分に内蔵されており、ドラえもんはすでに耳をなくしてしまっているため、バッテリー交換してし

テレビアニメ「ドラえもん」第741話「布団にのってふわふわり」より

まうと今までの記憶が全て失われてしまうという。困ったのび太は開発者に頼ろうとするが、開発者の情報は絶対に開示できないとのこと。仕方なく、のび太はドラえもんを押し入れにしまい込み、みんなにはドラえもんは未来に帰ったと説明。その後、彼は猛勉強をしてトップクラスのロボット工学者に成長し、しずかちゃんと結婚。ある日、努力の末に記憶メモリーを維持したままで修理完了したドラえもんのスイッチを入れると、ドラえもんが復活し、いつものように「のび太君、宿題終わったのかい？」と第一声を発言。ドラえもんの製作者が明かされていなかったのは、開発者がのび太自身だからだった――。これは、1人のドラえもんファンが「自作の最終回」と明記した上で作成したオリジナルストーリーが、チェーンメールなどにより一人歩きしたものである。

最愛の息子しんのすけを交通事故で亡くし精神崩壊

都市伝説

「クレヨンしんちゃん」は母みさえの妄想の物語

１９９２年４月から放送が開始された人気アニメ「クレヨンしんちゃん」をめぐる都市伝説。その中でも有名なのが、野原しんのすけはすでに死亡しており物語は全て母みさえの妄想、というものだ。

ある日、５歳のしんのすけは妹のひまわりを庇《かば》いトラックにはねられ亡くなってしまう。現実を受け止めきれないみさえは、しんのすけが生前使っていた落書きノートにクレヨンで「しんのすけが生きていたら…」という想像で物語を描き始める。これが作品タイトルの〝クレヨン〟の由来で、さらにみさえは、日常生活でもまるでしんのすけが生きているかのように、息子を怒ったり食事を準備したりと、ごく普通に振る舞う。その姿を哀れんだ家族や周りの人たちはみさえの妄想に付き合って、しんのすけが見えているふりをしている――。この哀しい伝説が生まれたのは、テレビアニメ版のとあるエピソードで、しんのすけの影がなかったり、野原家を園バスが素通りしたりと不審な描写があったからだと言われるが、おそらく作画ミスやストーリーの展開上、やむを得ない事情があったからと推察されている。

「クレヨンしんちゃん」には、野原家を訪ねてきた謎の少女、しんこちゃんについても不気味な噂がある。２００８年12月５日放送回で初登場した彼女は、黒い雲とともに現れ、いつのまにか雲とともに姿を消すという不思議な少女で、なぜか野原家の事情に詳しい。いったい、しんこちゃんは何者なのか？　二回目の登場回で本人が正体を明かす。曰く、「5年後の未来から来た、ひわまりの友人」で「ひまわりが母みさえによく怒られているので、本当にひまわりの母がみさえなのか確かめるために過去に来た」と。これに対し、しんのすけが「5歳児は母ちゃんに叱られる運命。そのうち叱られなくなる」と言うと、しんこちゃんは突然姿を消してしまう。よくわからない展開だが、この中でしんこちゃんは名前を聞かれて「ひま…な子供のしんこちゃんです」とか、しんのすけのことを「おに…ぎり頭」と言いよどむ。このことから、彼女は未来の「ひま」わり自身であり、しんのすけを「おに」いちゃんと呼んだというのがファンの共通認識だ。さらには、車が見えない位置にもかかわらず父ひろしを交通事故から助けたり、ひろしとカフェにいるとき「みさえもしんのすけもひまわりも、みんなひろしが好きだ」と話していることなどから、ひろしは交通事故で死ぬ運命にあり、それを防ぐためにしんこちゃん（ひまわり）が未来からやってきたとも言われている。

右が母みさえ。アニメ「クレヨンしんちゃん」より

都市伝説

「サザエさん」の最終回に噂される哀しい飛行機墜落説と夢オチ説

ワカメの下に「メダカ」という流産死した妹がいた説も

フジテレビ日曜夕方の不動の存在「サザエさん」にも「ドラえもん」同様、最終回に関する都市伝説がある。

ある日、カツオが商店街のくじ引きでハワイ旅行のチケットを当て、家族で意気揚々と飛行機に乗り込む。が、その搭乗機がトラブルを起こし海に墜落。サザエさん一家は、それぞれ海にちなんだ自分の名前に由来したものへと変化していく。サザエさんはサザエ、マスオさんは鱒、カツオは鰹、ワカメはわかめ、タラちゃんは鱈、波平は波、フネさんは船。つまり、サザエさん一家はもともと海の生物で、擬人化して人間の世界で暮らしていたというわけだ。

もう一つの最終回は実はサザエさんの夢オチだったというもの。実は、サザエさんが交通事故で植物人間になっていたのだが、最終回で奇跡的に目覚め、今まで見ていたものが全て幻だったことに気づかされる。そこにはカツオもワカメもタラちゃんもおらず、いるのは父と母、そして見知らぬ医者。その医者こそがマスオで、彼は植物人間になったサザエを主治医として長年診てきて、この世に引き戻した人物。2人はやがて恋に落ち結婚する――。

他にも「サザエさん」には、家族に関する哀しい噂が囁やかれている。サザエとカツオの歳が

アニメ「サザエさん」フジテレビHPより

13歳離れていることから、フネは波平の後妻でサザエは前妻の子供とする説。これはまだ理解できるが、実はワカメの下に「メダカ」という妹がいたという説がある。これは、カツオとワカメの名前に入ってる「カ」の文字がカツオは一番最初、ワカメが二番目にあることから、最後に「カ」がくるメダカがいたという説だ。もちろん、「サザエさん」の中にメダカというキャラクターは存在しない、なぜなら、彼女は、流産してしまったフネの最後の子だったから。その後、フネは子供を授かれない体になってしまったという。この噂には、メダカは塩に耐性がある魚だが、淡水魚のため海では環境に対応しきれずに死んでしまう、というもっともらしい理由が付けられている。

都市伝説

「ひょっこりひょうたん島」は死後の世界を描いた人形劇

原作者の井上ひさしが明かした制作秘話が噂の発端

「ひょっこりひょうたん島」は1964年から1969年までNHK総合テレビで放送されていた人形劇だ。「ひょっこりひょうたん島」の物語は、教師のサンデー先生と5人の子供たちがひょうたん島に遠足にやってきて漂流したことから始まる。狭い島の中での生活では、食料が賄えないという現実的な問題が発生するはずだ。しかし、ひょっこりひょうたん島は子供たちが暮らすユートピアとして描写され、深刻な問題は発生しない。なぜなら、ひょっこりひょうたん島の登場人物は全員が死亡し、後は死後の世界を描いているからだという。

この噂の発端は、原作者の一人である井上ひさしが、2000年9月に開催された山形県川西町・遅筆堂文庫生活者大学校「ひょっこりひょうたん島」講座で、制作当時から秘密にしていたこととして、以下の2点を明かしたことにある。

井上ともう一人の原作者である山元護久および担当ディレクターの3人が、いずれも家庭の事情により両親に頼ることのできない子供時代を送ったことから、子供たちの「親」を登場させなかったこと。さらには、物語の場において発生しうる食糧危機という現実的な問題を回避し、親や大人と隔絶した状況で子供たちが持つ明るさを描くユートピアとするため、登場人物を全て「死んだ子供たち」として物語を作っており、サンデー先生と5人の子供たちは最初にひょうたん島に遠足に行った時点で火山の噴火に巻き込まれて死んだ設定になっている。劇中に「御詠歌《ごえいか》」や「四国霊場物語」（四国八十八箇所）が登場するのも、「死者の物語」の設定ゆえであると述べたのだ。

確かに主題歌の歌詞の後半に出てくる「何かがきっと待っている」は彼岸や極楽浄土のことを言ってるように推察できるし、何より原作者本人が言っているのだから間違いないだろう。しかし、これは講演会において島の食糧問題を問われた井上が、「こんな話もありかもしれませんね」と、あくまで冗談として語ったエピソードで、それがさも真実のように語られたものだ。製作当初にそのような設定は存在せず、当時のディレクターやスタッフも認知していなかったのが本当のところだ。

この裏話は新聞でも報道された

姉はひきこもり、父は失踪、祖母は居間で自殺

都市伝説

アニメ「ちびまる子ちゃん」さくら家の知られざる悲惨な現実

漫画家さくらももこの小学校時代の実体験をもとに作られた「ちびまる子ちゃん」。作品には、まる子の家族や友達など数々のユニークなキャラが登場するが、実は彼らには作中では描かれない暗い将来、裏の顔があるとの噂がネットで出回っている。

まずは、まる子の姉、さきこ。いつも、まる子を叱ったり面倒をみたりと実にしっかりした人物だが、成人後、男に騙され多額の借金を背負い返済のため夜の仕事に就職した、あるいは男性恐怖症となり、母親と一緒にひっそり暮らしているという。

お父さんヒロシは作中だと仕事をしている様子はないが、実際は八百屋を経営していたそうだ。が、これまた多額の借金を作り家を出てしまったという。借金の理由はギャンブルや女性関係らしい。夫が蒸発したせいで元気をなくしたまる子の母すみれは、さきこと年金生活を送っているそうだ。また、まる子のおばあちゃん、こたけは息子のトラブルに絶望し、居間で自殺してしまったそうだ。

まる子の大好きなおじいちゃん友蔵は、トンチンカンな行動で笑いを生み、また何かというと心の俳句を披露する愉快な人物として描かれている。ところが、この友蔵、実際は性根の悪い人

さくら家の人々。アニメ「ちびまる子ちゃん」より

物だという。この噂は、作者さくらももこの実際の祖父がとても意地悪で仲が悪かったことから出てきたもので、これは作者がエッセイで明かしている。

まる子の大親友、たまちゃんにも知られざる顔があって、作中では花輪君が大金持ちの息子（実は極道の息子という説もある）という設定だが、実際に裕福なのはたまちゃんだという。これも、作者のエッセイに出てくる話で、たまちゃんのモデルとなった人物の家は大金持ち、クラスのリーダー的な存在だったそうだ。そのたまちゃんやまる子と仲がよく、まる子と同じく「西城秀樹の大ファン」というゆみこちゃんは初期の頃こそよく出ていたが、２００５年の放送回以降、すっかり姿を見せなくなった。なぜなら、彼女はいじめを苦に自殺したからだと言われている。

ミドルネームの「D」をめぐる共通点

都市伝説

「ワンピース」はフリーメイソンと繋がりがある

海賊王を夢見る少年ルフィを主人公とする「ひとつなぎの大秘宝（ワンピース）」を巡る海洋冒険ロマン「ワンピース」。世界にもファンの多い本作にも様々な都市伝説が囁かれているが、中でも有名なのが「Dの一族」をめぐる噂だ。「ワンピース」には、主人公のモンキー・D・ルフィを筆頭に、物語の核に触れるキャラクターは共通して「D」というミドルネームを持っている。作中、彼らは「Dの一族」と呼ばれ、重要な事件や物語の鍵となる出来事に関わっていくのだが、ネットなどでは、この「Dの一族」がフリーメイソンと繋がりがあるとの噂が流れている。

フリーメイソンとは、16世紀後半から17世紀初頭に生まれ、現在、世界に600万人を超える会員を持

映画「ONE PIECE FILM GOLD」より ©尾田栄一郎／2016「ワンピース」製作委員会

つ秘密結社で、その起源はテンプル騎士団だと言われる。テンプル騎士団は、中世ヨーロッパ（11世紀〜13世紀）に活躍したフランスの騎士修道会（構成員たちが武器を持って戦闘にも従事する修道会）で、イスラム教諸国とキリスト教諸国が聖地をめぐり争った戦いの主要な戦力になったとされる。

テンプル騎士団と「ワンピース」の関係が囁かれるのは、まず両者ともにミドルネームに「D」の文字がつく者が多いからだ。テンプル騎士団を設立したのは、当時フランスの貴族であった「ユーグ・ド・パイヤン」という人物で、他にも名前に「ド＝DE」が含まれる構成員が少なくなった。

また、テンプル騎士団の最期が、Dの一族、そして光月家（「ワンピース」で大きな謎になっている歴史の書物『ポーネグリフ』を作り出した一族）と似ているとも言われる。14世紀初頭、テンプル騎士団は時のフランスの王フィリップ4世により、犯してもいない罪を自白させられ壊滅に追い込まれる。最高指導者は、生きたまま火あぶりにされるという悲惨な最期だったという。「ワンピース」でもDの名を持つ「エース」は赤犬のマグマグの実の能力であるマグマの力で貫かれ絶命。光月家の「おでん様」も、処刑の際に「煮えてなんぼのおでんに候！」というセリフを残していることから、共通点を指摘されている。

さらに、壊滅したテンプル騎士団の残党が後に海賊と石工職人になったという事実が、光月家と海賊たちの関係によく似ているとも言われる。「ワンピース」に当てはめて考えると、石工である光月家は、自分たちが作ったポーネグリフを世界各地に分散させて守るために海賊となり海に出たという解釈ができるという。

都市伝説

「アンパンマン」の生みの親、ジャムおじさんは実は悪者

バイキンマンを陰で操り、アンパンマンの抹殺を画策

やなせたかしが生み出した正義のヒーローであり、国民的キャラクター「アンパンマン」。この作品には「バイキンマンを作ったのはジャムおじさん」という有名な都市伝説がある。内容は、アンパンマン誕生以前、ジャムおじさんは「ジャムパンマン」を作ったが、管理を怠ったせいで、ジャムパンマンの体はかびてしまう。怒りのあまり、心が悪に染まってしまったジャムパンマンはバイキンマンへと変貌を遂げ、町を脅かす存在に。それを見かねたジャムおじさんは、アンパンマンを作り、バイキンマンを食い止めようと試みたが、バイキンマンは生みの親であるジャムおじさんに、恩義を感じているため、彼を襲うことはできなかった、というものだ。また、一部にはジャムおじさんはバイキンマンを陰で操り、アンパンマンを抹殺しようと企んでいる噂もある。

この説には「バイキンマンはパン工場を襲わないから」という理由が付けられることが多いが、バイキンマンは過去に工場を襲ったり、ジャムおじさんとバタコさんを誘拐したり、さんざん悪さをしてきており説得力ゼロに等しい。

本作には他にも「アンパンマンは全身食べられる」という噂がある。1988年から始まった

テレビアニメ「それいけ！アンパンマン」の第一話では、アンパンマンがパン用かまどから登場したときに、すでに洋服を着ていたことが明らかになっている。また過去には頭部の具があんこ以外で代用されたり、パン以外の頭部がくっつけられたこともあった。そのときはマントや全身の仕様が変化するなどしたため、洋服を含めた体部分も頭部と同じように食べられるのではないかと囁かれていた。

「アンパンマン」の主要キャラ。香川県のJR高松駅に設置されているアンパンマン記念撮影ボードより

さらに、登場人物の中でジャムおじさんとバタコさんだけが人間のような見た目で、特殊な能力は持っていないことから2人は人間ではないという説があるが、これは事実だ。アンパンマンワールドに人間はおらず、ジャムおじさんとバタコさんも人間の姿をしているものの、実は妖精なのだ。なお、公式HPの説明によると、ジャムおじさんとバタコさんは一緒に暮らしているが親子や肉親ではないとのことだ。

都市伝説

「となりのトトロ」の姉妹、サツキとメイは劇中で死んでいる

スタジオジブリが噂を公式に否定

1988年、宮崎駿が監督したスタジオジブリのアニメ映画「となりのトトロ」。この名作がテレビで放映されるたび、話題に上がる都市伝説がある。主人公であるサツキとメイの姉妹が劇中で死んでいるという噂だ。その根拠は「映画の後半、サツキとメイの影が薄くなる」「メイと書かれたお地蔵さんが一瞬映っている」「トトロは、死期が近い人間、もしくは死んだ人間にしか見ることができない」「猫バスはあの世に繋がっている乗り物」「サツキとメイは母親に会ってない」「エンドロールは過去の回想シーン」「物語は、全てお父さんの妄想だった」等々。熱狂的なファンが多い作品だけに、一部にはこのような噂を信じている人もいるかもしれないが、これらは全くのデタラメだ。

2人の影がないのは背景で時間経過を表す意図的な試みであり、作中に「メイ」と刻まれた地蔵も存在しない。唯一、病床のお母さんに直接会わずに帰ったのは不思議ではあるが、ネコバスに乗って病院まで行った姉妹が母の元気そうな姿を見て安心し、「きっとまた帰ってくる」と思うことができたので、トウモロコシを置いて帰ったものと捉えられている。

実際、スタジオジブリは以下のようなコメントを発表、噂を全面否定している。

——そんな中、かかってくるのはなぜか「トトロは死神なんですか?」という一般の方からの問い合わせばかり。みなさん、ご心配なく。トトロが死神だとか、メイちゃんは死んでるという事実や設定は「となりのトトロ」には全くありませんよ。最近はやりの都市伝説のひとつです。誰かが、面白がって言い出したことが、あっという間にネットを通じて広がってしまったみたいなんです。「映画の最後の方でサツキとメイに影がない」のは、作画上で不要と判断して略しているだけなんです。みなさん、噂を信じないで欲しいです。……とこの場を借りて、広報部より正式に申し上げたいと思います——。

コメントが発表されたのが2007年5月。しかし、現在もなお、サツキとメイの死亡説は消えていないことから考えると、この噂は「となりのトトロ」に一生つきまとう問題なのかもしれない。

映画「となりのトトロ」より　©Walt Disney Pictures

都市伝説

「ピーター・パン」は大量殺人鬼

小説「ピーター・パンとウェンディ」に明確な記述あり

ディズニー映画になるほど世界的知名度の高い「ピーター・パン」。1904年、スコットランドの作家ジェームス・マシュー・バリーが戯曲のために創作したこの主人公は、ロンドンのケンジントン公園で乳母車から落ちたところをベビーシッターに見つけられず迷子となったことから歳を取らなくなり、海賊のフック船長やインディアンのタイガーリリーが住む異世界ネバーランドに移り住み、妖精ティンカーベルとともに冒険の日々を送る永遠の少年である。

そんなピーター・パンに怖い噂がある。ネバーランドでは現実世界と時の流れが全く違うため歳を取らないとされているが、実際には子供は歳を重ねているものの、ピーター・パンが成長した彼らを次から次に殺害しているのだという。この都市伝説はフジテレビの元人気番組「トリビアの泉」で有名になったもので、根拠になったのが1911年に出版された小説『ピーター・パンとウェンディ』である。なんと、その原文には「ピーターは因縁深くできるだけ多くの大人を殺そうとした」「子供が成長するのは違反なのでピーターは彼らを間引いた」と翻訳できる一説があるのだ。ただし、これには諸説あり、単なる比喩表現の可能性や、「殺す」のではなく「追い出す」と訳せるとも言われている。

ピーター・パンは、ギリシャ神話に登場する「パーン」という神がモデルという説もある。パーンは人間とヤギを合体させた半人半獣で「生命力、生殖力の神」として崇められているという。

このため、ピーター・パンの尖った耳、細い足などは「ヤギ」がイメージされており、とんがり帽子を取るとヤギの角が出てくるそうだ。

また、フック船長のトレードマークのカギ手についても噂が流布されている。原作では右利きのフック船長がピーター・パンと戦った歳、刀で右手を切り落とされ、時計を飲み込んだワニ（チクタクワニ）に食べられることになっている。が、ディズニー版では、彼のカギ手は左利きだ。これは、ディズニーアニメとして残虐な表現を避けるための変更だったようだが、一説によればディズニー映画のフック船長に「チックタック」と時計の秒針を真似ると、彼が怯えて逃げていくと言われている。

1953年に公開された
ディズニー映画「ピーター・パン」より

都市伝説

映画「AKIRA」は五輪延期と新型コロナウイルスの蔓延を予見していた

東日本大震災からの復興、福島第一原発の事故処理も予言

大友克洋の名作漫画「AKIRA」を本人が監督した同名映画もまた傑作として名高い。1988年に勃発した第三次世界大戦を経た2019年の「ネオ東京」を舞台に、超能力による戦闘、荒廃する巨大都市といった近未来の姿を描いた本作は、未来を予見していたとの都市伝説を生んでいる。

映画「AKIRA」で登場するネオ東京は、第三次世界大戦後に復興したという設定だ。これを東日本大震災からの復興。そして、超能力研究の実験体がコントロール不能な状態に陥り暴走し東京が壊滅し、その後、その実験体が地下深くに冷凍保存される展開が、福島第一原発での事故と、その後の事故処理と符合して見えるという。

また、作中の2019年のネオ東京で、オリンピック開催を翌年2020年に控え大規模な都市開発が進められているシーンは現実そのもの。さらに1年間、開催が延期されるのも映画が描くとおりだ。本作には、東京オリンピックの開催をカウントダウンする看板と、「中止だ中止」と落書きされた看板が出てくるのだ。

開催延期となった原因である新型コロナウイルスについても「AKIRA」は予見していたと

映画「AKIRA」より　©Streamline Pictures/zetaimage

の見方がある。2020年3月、延期が決定される直前、WHO（世界保健機関）は日本などに名指しで、ウイルスの封じ込めに失敗している国として強い不安を示した。こうしたWHOが日本を非難する姿は、実は「AKIRA」に出てくる新聞に書かれた伝染病対策に関してWHOから非難される記事と、完全に符号するのだ。

さらに、本作は安倍晋三総理の退陣も予見したと言われる。本編のネオ日本では、前総理が行った税制改革が歴史的失敗に終わっている。そして現実世界の安倍政権も2019年10月に消費税を8%から10%に引き上げたが、それは国民の暮らしをより苦しめる愚策との意見もある。安倍総理が辞任したのは、それから11ヶ月後の2020年9月。理由は体調の悪化と報道されたが、その要因の一つに「AKIRA」が描いた税制改革の失敗があった可能性がないとは言えないだろう。

トランプ大統領誕生、シカゴ・カブスの優勝も

都市伝説

「バック・トゥ・ザ・フューチャー」がアメリカ同時多発テロを予言した証拠

1985年に公開されたアメリカ映画「バック・トゥ・ザ・フューチャー」。高校生のマーティ（演：マイケル・J・フォックス）が近所に住む科学者ドクと愛車デロリアンを改造して開発したタイムマシンで未来や過去を行き来するSFアドベンチャーだ。今も熱狂的なファンの多い本作も、前項「AKIRA」と同じく、歴史的な幾つかの出来事を予言したとの噂がある。

まずは2001年に起きたアメリカ同時多発テロ。作中、マーティとドクがタイムトラベル実験をするツインパインズモール（二本松モール）が、ハイジャック機の激突で崩壊したワールド・トレード・センターのツインタワーを想起させ、1989年公開のパート2で、スクリーンに2本の松が登場した後で本物のツインタワーが映る場面も事件を暗示しているという。また、過去に行ったマーティにより、地名の元となった2本の木の片方が倒されてしまうのもビルが倒壊したことを示すという指摘がある。さらには、ツインパインズモールの看板の時計が「1：16 AM」（逆さに読むと911）を指し、ドグが持っているデジタルカメラの時計が「1：19」（後ろから読むと911）を表示しているのも、その根拠だという。

同映画のシリーズで、主人公マーティといがみあう悪役ビフはトランプ前大統領をモデルに

したとの噂もある。風貌がそっくりなことに加え、未来の自分から大金持ちになるヒントを与えられたビフが1988年の世界でカジノ王になる点。さらに、トランプタワーに似たド派手なビルで複数の美女をはべらせて暮らし、街の治安と人々の生活を崩壊させておきながら、自分を「アメリカの偉大な英雄」と呼ぶよう人々に強要する姿も、トランプ前大統領と重なるとの指摘がある。

もう一つ、本作は大リーグのシカゴ・カブスのワールドシリーズ制覇を予想していたとも言われる。パート2で現在（1985年）から2015年にタイムスリップしたマーティが、街角の巨大スクリーンに映ったワールドシリーズの結果を見て「カブスが優勝だって！」と驚くシーンがある。それもそのはず、カブスは1908年以来優勝から遠ざかっており呪いがかけられているとまで言われていた。が、現実には、2016年のワールドシリーズでクリーブランド・インディアンスを4勝3敗で下し、106年ぶりに優勝。映画とは1年違いではあるが、予言的中と言って差し支えないだろう。

映画「バック・トゥ・ザ・フューチャー」より

沈没事故が起きた1912年当時にはありえない見識とファッション

都市伝説

映画「タイタニック」の主人公、ジャックはタイムトラベラー

1997年に公開された映画「タイタニック」。画家志望の青年ジャック（演：レオナルド・ディカプリオ）と上流階級のお嬢様ローズ（演：ケイト・ウィンスレット）のロマンス、そして沈みゆく大型客船でのドラマを描いた本作は興行収入262億円（当時世界1位）を記録、アカデミー賞においても11部門受賞の栄冠に輝いている。

この歴史的名作に一つの都市伝説が噂され始めたのは2015年2月。フェイスブックにマットを名乗る人物が寄せた投稿がきっかけである。投稿によると「ジャックはヒロインのローズを入水《じゅすい》自殺から救い出し、彼女の運命を変えるためだけにタイタニックに乗り込んだ」のだという。つまり、

左がジャックを演じたレオナルド・ディカプリオ。映画「タイタニック」より

ジャックは未来から来たタイムトラベラーというわけだ。

投稿者は、ジャックがタイムトラベラーであると根拠として、以下の4つを挙げている。

❶ジャックはこの当時のものを全く持っていない。よって、彼は乗船チケットを手に入れるためにギャンブルをするしかなかった。

❷ジャックは作中でウィスソータ湖での釣りに関して話しているが、この湖は人口の湖で1917年に作られたもの。これはタイタニック号が沈む5年後のことである。

❸ジャックの髪型と彼が唯一持っていたリュックサックは、この時代のものとは似つかわしくない。少なくとも1930年代後半に流行したもののように見える。

❹ジャックはローズにサンタモニカ・ピアのジェットコースターに連れて行くと約束していたが、そのジェットコースターが作られたのは1916年。舞台となる1912年はまだ着手すらされていない。

しかし、ジャックが未来から来たタイムトラベラーと考えれば、まだ出来ていない土地を知っていたり、当時に似つかわしくないファッションをしていたのも理解できるという。

ちなみに、「タイタニック」と同じジェームズ・キャメロン監督の作品で、タイムトラベルを扱った映画「ターミネーター2」（1991年）に登場する主人公の少年ジョン・コナーは、実はジャックと同一人物なのではないかという噂もある（容姿などが似ている、「ジャック」はジョンという名前のニックネームになることがあるなどの理由から）。

殺傷能力、仕掛ける罠の巧妙さはどっこいどっこい

都市伝説

「ホーム・アローン」のケビンは成長し「ソウ」の猟奇殺人鬼ジグソウになった

1990年公開のファミリー向けコメディ映画「ホーム・アローン」（1992年に続編公開）と、2004年公開のホラー映画「ソウ」（2017年までシリーズ8作が公開）。一見、何の関係もなさそうな2つの映画には、実は大きな接点があるという。一部映画ファンの間で「ホーム・アローン」の主人公ケビンが成長して「ソウ」の猟奇殺人鬼ジグソウになったと噂されているのだ。

ケビンは、1人で留守番中だったクリスマスに家に侵入しようとしてきた泥棒2人に罠を仕掛け撃退するのだが、その手段はどれも殺傷能力十分。映画公開から22年後の2012年、1人の医者が劇中の泥棒の1人ハリーが負った怪我の具合を診断したところ、熱されたドアノブに触れ続けたシーンは、重度の感染症を患い、かつ手の自由がきかなくなる危険性があり、また頭蓋骨に直接バーナーを噴射するシーンは頭の皮膚・骨組織は壊死を起こすため移植が必要になるレベルだという。この医者はさらにケビンがやったことは家を守ることではなく、純粋な悪意から来ているとしか思えないとも述べている。

実際、ケビンは一連のいたずらを実に楽しそうに仕掛けている。こんな姿を見て、一部にはケビンは生まれつきサイコパスの資質を持っており、

やがてジグソウとなり凶暴さを増したのだという。以下、この噂の根拠となる点を列挙しよう。

▼ケビンはビデオの音声を使い、ピザ配達の少年を脅迫。銃弾を浴びせかけられたと勘違いした少年は命からがら逃げることになったが、これがヒントとなりジグソウは音声テープを多用するようになった。

▼ケビンは自宅地下の燃焼ボイラーを恐れていた。この幼少時代のトラウマが歪んだ形で現れ、「ソウ」の中でジグソウは生きた人間をかまどに入れて殺害した。

▼「ホーム・アローン」の泥棒はケビンが床にまいた大量のガラス細工を踏み砕いて足の裏をズタズタにされるが、これは「ソウ2」で床に注射針をまくという形で進化している。

▼ケビン家の地下にも、ジグソウの監禁部屋の地下にもピエロの人形がある。

ちなみに、ケビン役のマコーレー・カルキンは後のテレビ番組で、この噂について聞かれ、呆れながらも「すでに知っていた」とコメントしている。

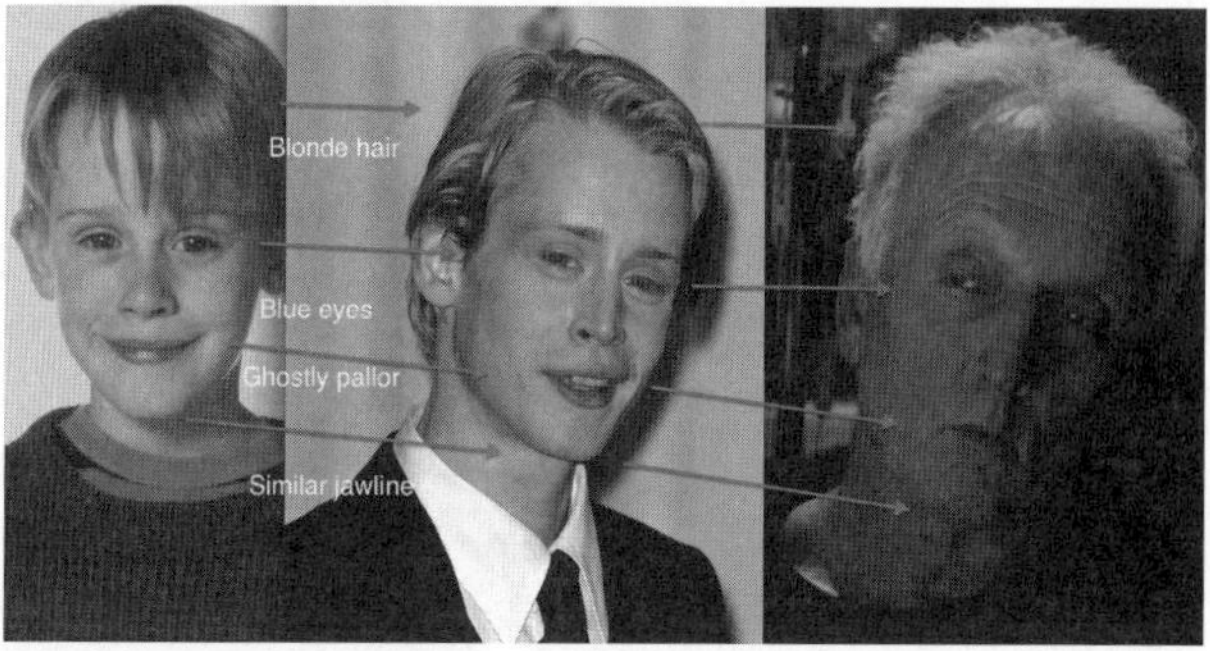

顔もよく似ているという指摘あり（右がジグソウ）

タランティーノ監督の答えは「おまえが入っていてほしいと願うもの」

都市伝説

映画「パルプ・フィクション」のブリーフケースに入っていたものは？

「パルプ・フィクション」は映画監督クエンティン・タランティーノの名を世界に知らしめたクライムドラマだ。1994年のカンヌ映画祭において最優秀作品賞に当たる〝パルム・ドール〟を受賞した本作には、一部ファンの間で様々な都市伝説が囁かれているが、中でも有名なのが物語の仕掛けとして使われるブリーフケースの中に何が入っていたか、という問題だ。

劇中でケースの中身についての説明は一切ない。そのため、ファンたちは勝手な解釈を作り上げ、中に入っているのは放射性物質だとか、タランティーノ監督の処女作「レザボア・ドッグス」で登場したダイヤモンドでは、などといった憶測が流れてきた。しかし、今のところ最も支持されているのは、中に入っているのは主人公ヴィンセント（演：ジョン・トラボルタ）やジュールス（サミュエル・L・ジャクソン）らを取り仕切るギャングのボス、マーセルス・ウォレスの「魂」だという説だ。都市伝説サイト「スノープス」の記事を引用しよう。

「マーセルス・ウォレスが最初に登場したシーンを思い出してほしい。最初のショットには、彼の後頭部が映っていて、そこには絆創膏が貼ってあった。また、ブリーフケースの鍵の番号が『666』だったことにも注意してほしい。さらに、誰かがそのスーツケースを開けるたびに、必ず中身が光を発していたこと、開けた人はその美しさに呆然としていたことも思い出してほしい。そして、誰もが言葉を失っていた。ここで、聖書に書いてあることを思い出そう。悪魔は、人の後頭部から魂を盗んでいくのだ。そう、ご明察のとおり。人間の一番美しいものとは何か。それは魂だ。マーセルス・ウォレスは自分の魂を悪魔に売ってしまい、それを買い戻そうとしていたのだ」

中身が明かされないブリーフケース。写真はギャングを演じたサミュエル・L・ジャクソン。映画「パルプ・フィクション」より

謎のブリーフケースの中身については他にも様々な説があり、カナダの『トロント・スター』紙が実施した中身を決めるコンテストでは「タランティーノ監督が獲得を望むオスカー」「人間の頭」「マイケル・ジャクソンのグローブ」などといった答えが出たそうだ。ちなみに、1995年の雑誌『プレイボーイ』のインタビューで、サミュエル・L・ジャクソンがタランティーノ監督にブリーフケースの中身について聞いたときのことを語っており、それによれば監督の答は「おまえが入っていてほしいと願うものさ」というものだったという。

生き残ったはずのニモは最初から存在していなかった

都市伝説

「ファインディング・ニモ」は全てマーリンの妄想

2003年に公開され世界を一世風靡したピクサーの代表作「ファインディング・ニモ」。主人公のカクレクマノミ（海水魚）のマーリンが、攫《さら》われたひとり息子ニモを探すため冒険の旅に出るというストーリーの裏に、悲しい裏設定があるという。映画の冒頭で、マーリンの妻のコーラルと、たくさんの卵たちがオニカマスに襲われ亡くなり、唯一生き残ったのがニモだったのだが、ファンの間では卵が生き残ったというのはマーリンの妄想であって、ニモ自体存在していなかったという説が囁かれている。つまり、全てを失ったマーリンが、悲しみの果てに想像で作り出したのがニモだったというわけだ。ちなみに、「ニモ」という名前はラテン語で「誰でもない（Nobody）」と訳されるのだそうだ。

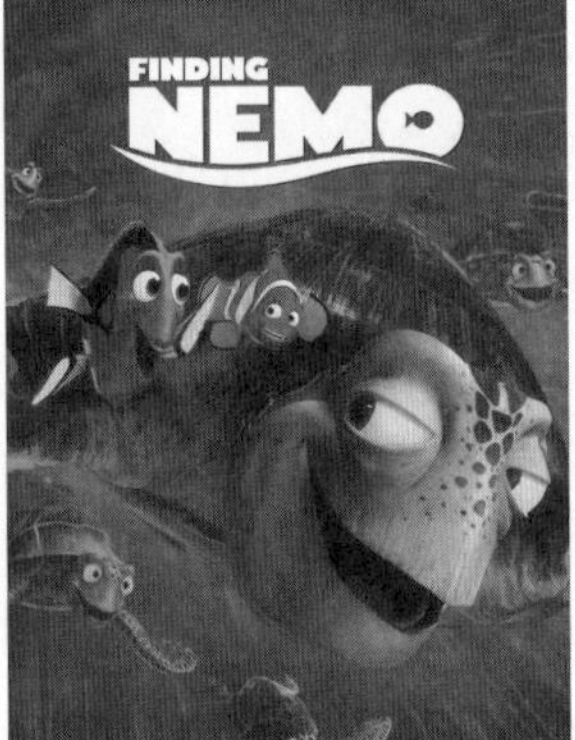

「ファインディング・ニモ」は物語の展開から、「悲しみの5段階」という心理学上の有名な理論にかけ「否定、怒り、取引、抑うつ、受容」の5段階で描かれているとする説も

都市伝説

おもちゃはユダヤ人、保育園は絶滅収容所
「トイ・ストーリー3」の裏テーマはホロコースト

カウボーイ人形のウッディを主人公とした大ヒットアニメ「トイ・ストーリー」は1995年から2019年までシリーズ4部作が制作されているが、2010年に公開された「トイ・ストーリー3」は他と趣が異なる。ストーリーは、ウッディと仲間たちが大好きなアンディとの別れが近づいたある日、手違いで寄与された保育園が、おもちゃを破壊しまくる凶暴な幼児たちが集まる地獄だったというもの。そのヘビーな内容から、一部に、本作に登場するおもちゃは第二次世界大戦時にナチスに迫害されたユダヤ人で、彼らが送られる保育園は絶滅収容所を表していると の説がある。つまり、本作の裏テーマは人類最大の悲劇、ホロコーストだというのだ。

監督は、おもちゃを人間とみなし、彼らの人生もまた時に厳しく、辛い選択を迫られることがあることを描きたかったと述べているが、果たして真相は…。

柵の中に閉じ込められる人形たち。映画「トイ・ストーリー3」より

第6章

戦慄の陰謀論

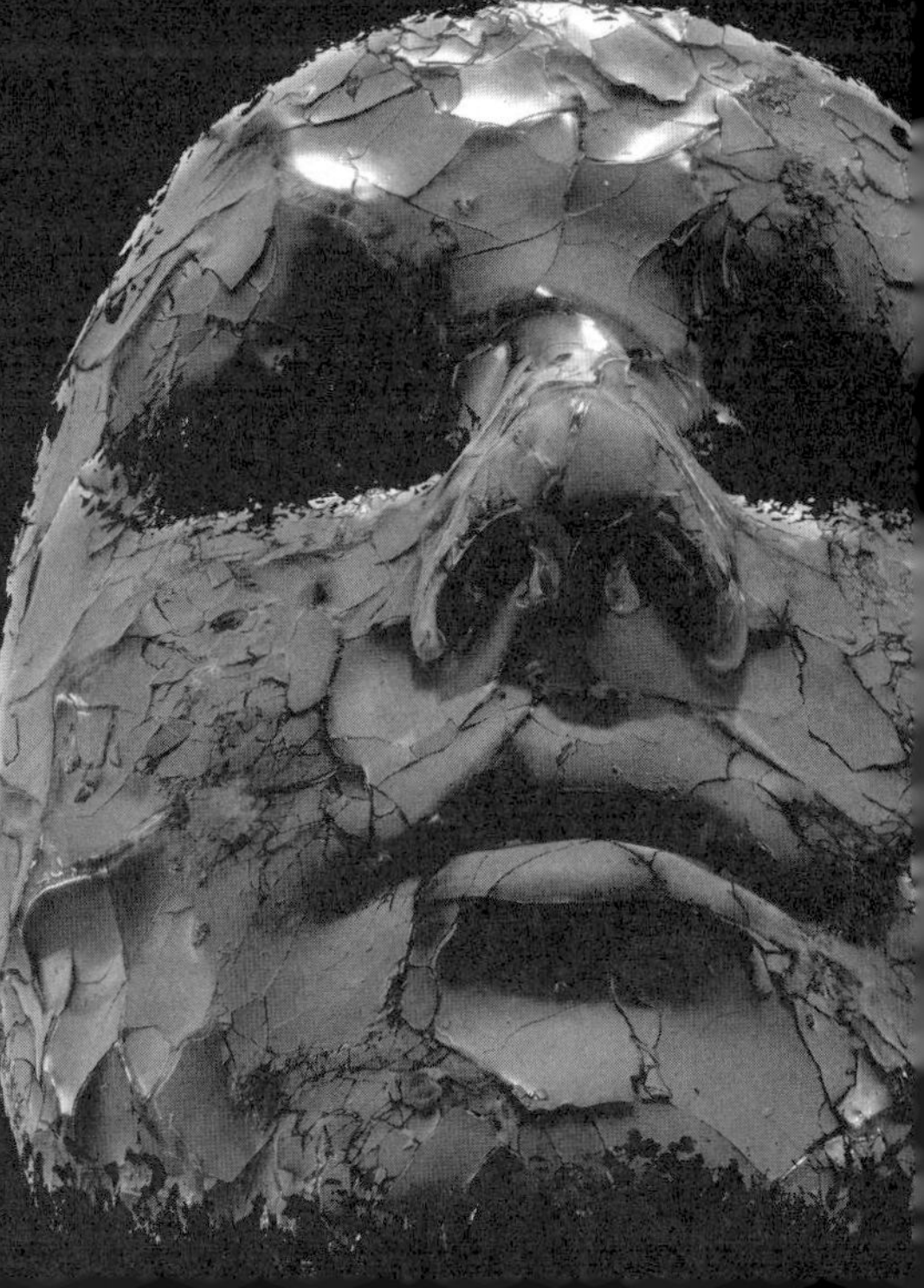

開発会社のルーツにアメリカの情報機関が

都市伝説

「ポケモンGO」はCIAの人類監視システム

アメリカのナイアンティック社と株式会社ポケモンによって共同開発されたスマートフォン向け位置情報ゲームアプリ「ポケモンGO」。スマホのGPS機能を使用しながら移動することでポケットモンスターのキャラクターの捕獲・育成・交換・バトルを画面上でプレイするという機能が受け、2016年7月の発売開始直後のアクティブユーザー数は日本だけで1千100万。2021年5月現在はその半分以下まで減ったが、今もキャラクラー捕獲に熱狂する人は少なくない。

このゲームにはリリース当初から、ある噂が囁かれていた。なんと、ポケモンGOはアメリカの情報機関CIAがユーザーの個人情報を管理するために開発されたものだというのだ。

ポケモンGOは現在、ナイアンティック社のCEOを務めるジョン・ハンケによって開発された。彼は1989年にテキサス大学オースティン校を卒業後、米国務省に入省。1994年に退職後、数々のゲームに携わり、2000年、衛星写真をつなげて地図データとリンクさせるベンチャー企業キーホール社を立ち上げる。同社は2004年、グーグルに買収され、その主力製品は「グーグルアース」と名前を変更。ハンケはその後、グーグルアースやグーグルマップ、ストリートビューなどを統括する副社長を歴任。2011年にグーグル社内のスタートアップ企業として、ナイアンティック社を設立した。

写真は「ポケモンGO」公式サイトより

注目すべきは、彼が２０００年に設立したキーホール社だ。２０１６年７月に米オンラインジャーナル『ディスクローズｔｖ』が報じた記事によれば、キーホール社は創業時、ＩＱＴなるベンチャーキャピタル会社から多額の資金提供を受けており、さらにこのＩＱＴ社の成り立ちを探ると、ＮＧＡ（アメリカ国家地理空間情報局）から資金提供を受けて立ち上げられたことが判明したという。１９９６年に創設されたＮＧＡは情報を収集分析することが主たる任務で、実はＣＩＡの直下に属する資金運用部門。つまり、ポケモンＧＯを手がけたナイアンティック社のルーツをたどると、国家の情報機関にたどり着き、ポケモンＧＯのユーザーはＣＩＡに位置情報を送るなどして、知らず知らずのうちスパイ行為に加担させられているというのだ。

もちろん、あくまで根拠のない推測である。が、２０１３年、元ＣＩＡ職員のエドワード・スノーデンが告発したようにＣＩＡは世界中の通信データを傍受し「監視」している組織。ポケモンＧＯに関する噂も、あながち陰謀論とは言えない。

都市伝説

タイタニック号は意図的に沈められた

所有者が保険金を得るため、わざと氷山に衝突させた

1912年4月14日の深夜から翌朝にかけ、処女航海に出た大型客船「タイタニック」号が、北大西洋で沈没した。1千500人前後の死者を出したこの海難事故は、氷山への衝突による浸水が原因とされるが、タイタニックは当時としては最高度の安全対策が施され「不沈船」と呼ばれていた。そんな船が氷山への衝突で本当に沈んだのか。事故原因をめぐってはこれまで様々な説が出ているが、その中には同船が意図的に沈められたという陰謀論もある。

タイタニックを管理していたのはホワイト・スター・ライン社だが、事実上の所有者は同社に出資していた国際海運商事の社長であるジョン・モルガン。彼はタイタニックに乗る予定だったが、直前に病気を理由にキャンセルし、代わりに別の大富豪の夫妻が乗船することになったものの、この夫妻もキャンセルし、結局ホワイト・スター・ライン社の社長であるブルース・イズメイが乗船することになった。しかし、病気だったはずのモルガンが同時期に北アフリカからフランスにかけて旅行をしていたことが後に判明。さらに、キャンセルした客の中にモルガンと深いつながりがある人々が数名いることもわかった。ここから、事故当時、ホワイト・スター・ライン社が財政難になっており、タイタニックの保険金を得るため、モルガンが巨額の資金で航海士を買収、わざと氷山に衝突させ船を沈めたのでないかという推論が登場した。が、これが仮に事実なら航海士が全員が死亡しているのは、いかにも不自然。この話はあくまで憶測の域を出ない。

タイタニック沈没に関しては「船体すり替え説」も存在する。タイタニックの姉妹船に「オリンピック」があり、同船は2回事故を起こしている。最初は1911年9月20日。サウサンプトン沖合いでイギリス海軍防護巡洋艦「ホーク」と接触、船尾が大破した。この事故はイギリス海軍査問会にて審理されオリンピック側のミスと認定、海難保険は一切降りなかった。二度目は5ヶ月後の1912年2月24日。大西洋を航海中に海中の障害物に乗り上げてスクリューブレード1枚を欠損したうえ、船体のキールに歪みが出るほどの損傷を受け、長期間の修理を余儀なくされた。この2つの事故を鑑みて、近い将来、廃船される予定だったオリンピックの内装や仕様を変更、タイタニックに仕立て上げ、故意に氷山にぶつかったというのだ。が、この仮説に立てば、オリンピックが座礁した2月24日から4月10日のタイタニックの処女航海までに工事を終える必要があり、両船の船員全員を配置転換しなければならないこと、改修に関与する造船所の工員の数などを考えると、すり替えが成立する根拠はほぼないと言われている。

画家ウィリー・ストーバーが描いた「沈没するタイタニック」

都市伝説

ロシア人の3分の2が信じる「新型コロナウイルスは人工の生物兵器説」

発生源の解明は永遠に不可能との見方も

2022年7月20日現在、新型コロナウイルスによる世界の死者数は637万人。新たな変異株が次々に現れ、終息にはまだ長い時間がかかりそうだ。

そもそもは2020年1月、中国湖北《こほく》省武漢《ぶかん》市の海鮮市場業者らが原因不明の肺炎で入院したのが始まりである。その後、武漢市内から中国大陸に感染が拡がり、やがて世界に拡大していった事情から、新ウイルスの起源は武漢であると考える人は多い。

新型コロナウイルスに関しては、数々の陰謀論も囁かれている。アメリカは中国人

2020年1月、中国・武漢で新型コロナウイルスによる肺炎の患者に対応する医療従事者

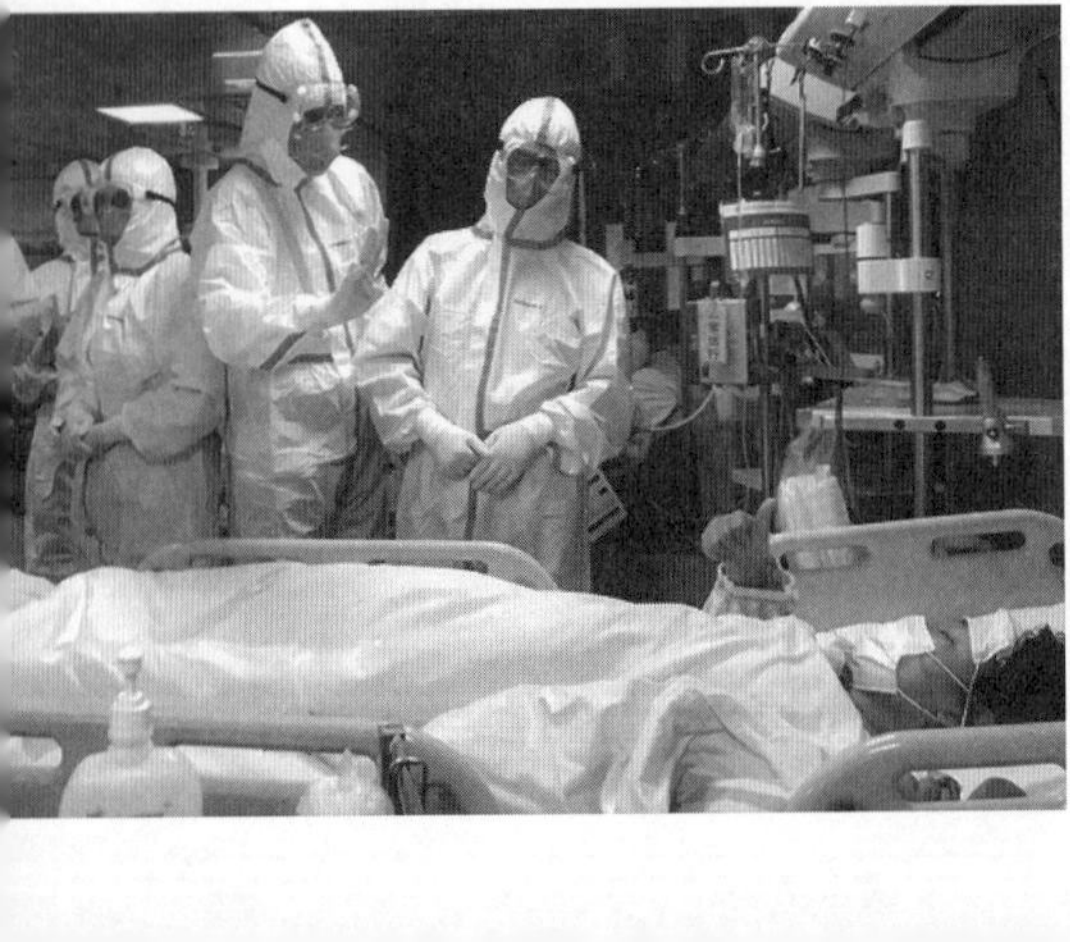

民解放軍が生物兵器開発を行っていた武漢ウイルス研究所から漏れ出したと主張。対して、中国側は新型コロナウイルスの発生源は米軍の研究施設だと述べ、その後、中国のＳＮＳでは流行の責任はアメリカにあるとする説が急激に広がった。

新型コロナウイルスが最初にどこで現れ、どのように人に広がっていったのかはわかっていないが、恐ろしいのは、米中ともにこれが単なる感染症ではなく、人工の生物兵器と主張している点だ。極端な陰謀論のように思えるが、２０２１年3月2日付けのＡＦＰの報道によれば、ロシアの独立系調査機関レバダ・センターが同国国民1千６００人に実施した調査結果で、64％は新型ウイルスが人工の新型生物兵器だと回答、「人間の介入なしに」出現したと答えたのは23％にとどまったそうだ。

こうした恐ろしい噂が流布される背景には、アメリカの極右が提唱している「Ｑアノン」なる陰謀論の存在があるようだ。Ｑアノンでは、世界規模の児童売春組織を運営している悪魔崇拝者・小児性愛者・人肉嗜食者の秘密結社が存在し、ドナルド・トランプ前アメリカ大統領はその秘密結社と戦っている英雄であるとされている。新型コロナウイルスに関しても、Ｑアノン支持者らはウイルスは中国の生物兵器で、中国と民主党のジョイントベンチャーがばらまいたと主張。また、ワクチンを接種すると同性愛者やトランスジェンダーになるといった虚偽の情報も拡散されているという。

２０２１年10月29日、米国家情報長官室は、新型コロナウイルスは生物兵器として開発されたものではないと判断していることを公表。ただ、その起源を解明するのは永久に不可能な可能性があることも同時に明らかにした。

都市伝説

バーコードは「反キリスト」の証

表示に含まれた「666」は『獣の数字』

現在、ほとんど全ての商品に付けられているバーコード。このコードにより、どの商品がどれだけ売れたか、在庫が不足していないかなど、商品管理が瞬時にわかるようになっている。

バーコードの構成は、縦に入った線（バー）と数字によるものだ。頭に数字の「4」が入り、左右6桁の数字が並べられ、その間と両端に数字のない2本の線が入っている。この2本線は数字に変換すると「6」。2本線は3組あるので、バーコードには「666」という数字が含まれていることになる。

「666」は新約聖書の『ヨハネ黙示録』13章16－18節に出てくる数字で、そこにはこんな記述がある。

「小さな者にも大きな者にも、富める者にも貧しい者にも、自由な身分の者にも奴隷にも、すべての者にその右手か額に刻印を押させた。そこで、この刻印のある者でなければ、物を買うことも、売ることもできないようになった。この刻印とはあの獣の名、あるいはその名の数字である。ここに知恵が必要である。賢い人は、獣の数字にどのような意味があるかを考えるがよい。数字は人間を指している。そして、数字は六百六十六（666）である」

「666」が何を意味しているのかは諸説あるが、バーコードを通さずには何も買えない状況はまさに記述のとおりで、一部には秘密結社のフリーメイソンがこの「獣の数字」を広めており、

「反キリスト」は悪魔の具現化と解釈されている。写真はイメージ

027393 000146

666

陰謀論者がバーコードに含まれていると唱える「666」の数字

その中心には世界を滅ぼす「反キリスト」の存在があると噂されている。反キリストとは、イエス・キリストに偽装して、イエスの教えに背く者、人を惑わす者で、表向きは救世主のように振る舞いながら、人間を支配する計画を進めていると言われる。バーコードはその手始めに過ぎず、次はバーコードを体内に埋め込む計画もあるという。

しかし、これはどうやら陰謀論者の単なるデマカセのようだ。そもそもバーコードは国番号、企業番号、商品番号の順に並んでおり、「6」と呼ばれている線は、それぞれのバーコードを区切り、読み間違いを防止するために付けられたものだ。また、3組の線に数字の入ってないのも特に意味はない。

首都はエルサレム。言語は英語。世界人口は10億人

都市伝説

2050年までに財閥支配の「世界統一政府」が誕生する

「世界を一つに」という思想は1900年代から存在する。例えば、第二次世界大戦の悲惨な帰結を見たイギリス首相ウィンストン・チャーチルは、破滅的な世界大戦を避けるには国民主権国家を廃絶し世界政府の管理による恒久的な平和体制の実現が不可欠であると主張した。

が、一方で陰謀論としての「世界統一政府」も存在する。これは、2050年頃までに超富裕層と貧困層による超格差社会が形成され、ロスチャイルドやロックフェラーなどの財閥当主が支配層になるというもので、首都はエルサレム（イスラエル）、言語は英語、通貨はドル、宗教はルシファー信仰になるとされる。

2020年現在の世界人口は約78億人。これが世界統一政府が樹立する頃には10億人まで減らされるという。人口の割り当ては中国と日本を合わせて5億人で、日本だけで6千～7千500万人程度。これはアジア系が権威や権力に弱く従順で扱いやすいためとされている。ちなみに、米ニクソン政権およびフォード政権期の国家安全保障問題担当大統領補佐官、国務長官を務めたヘンリー・キッシンジャーはアメリカの人口は1億人で十分と主張しているそうだ。

また、世界統一政府の　統一実現の方法としては、以下5つが噂されている。

❶国連機能強化　常設の国連軍を作り、他国のトップを従わせる。

❷第三次世界大戦　意図的に世界戦争を引き起こし、反戦ムードを盛り上げたうえで、国家があるから戦争が起こると主張する。

❸アメリカによる軍事制服　アメリカの軍事力は圧倒的で世界軍と戦ってもアメリカが勝つ。

❹宇宙人の利用　電離層に実際は存在しないUFOなどの映像を投影し、実在しない宇宙人による侵略に見せかけ全世界の団結を訴える。

❺地域統合　ヨーロッパを欧州連合（EU）で統一したように各地域をブロック化していき、最終的に世界政府に統合する。

この陰謀論では、新型コロナウイルス蔓延による世界人口の減少も、世界統一政府の実現のための戦略という見方がなされているそうだ。

将来、世界を支配するとされるアメリカの財閥ロックフェラー家の本邸
（ニューヨーク州スリーピー・ホロー）

密かに運搬していた核兵器の証拠を隠滅するため

都市伝説

JAL123便は自衛隊に撃墜された

1985年8月12日18時12分、大阪に向けて羽田空港を飛び立った日航123便が、同日18時56分に群馬県多野郡上野村の山中に墜落。乗客乗員524人中、520人が死亡するという、一機では、世界最大の航空機事故となった。

事故の原因は、その後の運輸省の調査で、機体後部の圧力隔壁が破損し、そのときの圧力で尾翼の一部が吹き飛んで、油圧装置も破壊され機体のコントロールが不可能になったことだとされた。123便に使用されたボーイング747SR—46型機は1978年に伊丹空港で尻もち事故を起こしており、そのときに破損した圧力隔壁をボーイング社が修理した際、十分な強度を持たない方法で行ったため、それが破損につながったのだという。

しかし、123便の垂直尾翼の破片の大半が相

迷走の末、群馬県御巣鷹山の尾根に墜落した123便の機体

模湾に落下、今も海中に没したまま分析不能なことから、これまで米軍機の誤射による撃墜説、テロによる犯行説など様々な憶測が囁かれ続けている。

元日本航空客室乗務員の青山透子氏が2017年に著した『日本航空123便墜落の新事実 目撃証言から真相に迫る』によれば、墜落直前の123便を2機の自衛隊のファントム機が追尾していたという、小学生を含む複数の目撃証言があったそうだ。この証言が事実なら、当初から墜落現場はわかっていたことになるが、メディアが機体発見を報じたのは翌朝のことだ。ではこの間、何があったのか。

本書に掲載された証言によれば、墜落現場にはガソリンとタールをまぜたような強い異臭がしており、現場の遺体は、通常の事故ではあり得ないほど完全に炭化していたという。自衛隊を含む軍隊が使う火炎放射機は、ガソリンとタールを混合したゲル状燃料を使用している。つまり、墜落から翌朝までの間に、何者が証拠隠滅のために強力な燃料で焼き尽くしたのではないかというのだ。

消すべき証拠とは何か。本書によると、123便から窓の外を撮った写真を解析すると、オレンジ色の物体が飛行機に向かって飛んできているという。それは地上からも目撃されている。青山氏は、自衛隊の訓練用ミサイルなどの飛行体はオレンジ色で塗られており、何らかの理由でその飛行体が123便の尾翼を破壊したことが原因で、同便は制御不能、墜落に至った可能性に言及している。

果たして、自衛隊が大型ジャンボ機を撃墜する理由などあるのだろうか。一部には、123便が核兵器を運搬しており、その証拠隠滅を図ったとの説もある。

都市伝説

花粉症がなくならないのは製薬会社の利権を守るため

諸悪の根源、スギは今も植樹され続けている

くしゃみ、鼻水、鼻詰まり、目のかゆみ。毎年2月〜4月、花粉症に悩まされている人は多い。その中でも最も多いスギ花粉症は日本で約2千500万人が患っているという。

花粉症が急増したのは1960年頃、農林省が推奨してきた大規模スギ植林が主因とされている。戦後復興や都市開発などで日本では第二次世界大戦以後木材の需要が急速に高まったが、一方で国内木材の供給量は不足気味で、林業の拡大と造林は当時の日本で急務だった。このため農林省は戦後に拡大造林政策を行い、その一環として各地にスギやヒノキなど建材としての価値が高い樹木の植林や代替植樹を大規模に行ったが、その一方でスギ花粉の飛散量も爆発的に増加し、これを吸った日本人が花粉症を発症したというわけだ。

では、スギの植樹を止めれば花粉症もなくなるのではないかと考えるのが通常だ。が、2018年時点で、日本政府34億円という補助金を使って毎年1千500本ものスギを植えているらしい。その理由はスギ植林をやめると木材自給率が下がるからだとされるが、一方で、花粉症薬を開発・販売する製薬会社の利権を守るための陰謀という説もある。

2018年の統計では、同年の花粉症関連薬市場は389億円。特に鼻炎内服薬やアレルギー

用目薬などは記録的な販売金額となったという。製薬会社にとって花粉症薬は売り上げの一部でしかないが、ドラッグストアに大量に並ぶ関連薬品を見れば、これがなくなれば製薬会社の痛手になることは明白。企業が国と絡んで、スギの植樹を続け花粉を飛ばし続けるような談合が行われていると疑ってもなんら不思議ではない。

これに限らず、医薬業界の陰謀論は多い。その代表例といえるのがインフルエンザのワクチンだ。毎年のように国が新型インフルエンザの脅威をあおり、ワクチンの接種を呼びかけているが、実際は効果がないという説がある。ワクチンは無意味どころか副作用すら生み出し、それを利用して病院と製薬メーカーが莫大な利益を得ているというのだ。

他にも、水道水へのフッ素添加にも陰謀が噂されている。フッ素の化合物を水道水に入れることで虫歯の劇的な予防効果が期待できるとされ、実際にアメリカやオーストラリアの一部で導入されている。だが、日本をはじめとした多くの地域では実現のメドが立っておらず、これが「虫歯がなくなったら困る歯科業界が圧力をかけている」との説を生み出した。

あくまで憶測の域を出ないが、新型コロナウイルスのワクチンに関しては、何の裏もないことを願うばかりだ。

都市伝説

金正《キム・ジョン》男《ナム》暗殺事件は北朝鮮の犯行ではない

実行犯の2人の女性はすでに釈放済み

2017年2月13日、マレーシアのクアラルンプール国際空港で北朝鮮の第2代最高指導者・金正日《キム・ジョンイル》の長男、金正男氏が顔面に神経剤「VX」を塗られ毒殺された。自動チェックイン機の前に立っていた金正男に2人の女性が近づき不審な行動を取る姿は空港の監視カメラが捉えており、その映像は世界に衝撃を与えた。

逮捕された実行犯の女性2人（ベトナム人とインドネシア人）は「4人の男性から、いたずら動画の撮影と説明されバイト感覚で行った。毒殺目的とは知らなかった」と供述。マレーシア警察は暗殺事件の容疑者として国外に逃亡したと見られる4人の北朝鮮人男性を指名手配した。

こうしたことからマレーシア警察当局は北朝鮮による犯行との見方を強めるが、2019年3月、裁判でインドネシア人女性の起訴は取り下げられ、4月にはベトナム人女性の訴因が殺人罪から、より軽い「危険な武器や手段によって故意に傷害を負わせた罪」に変更され、彼女はこれを承認。判決では3年4ヶ月の禁固刑を言い渡されたものの、刑期は逮捕時から計算され刑期の減免も受けたため、2019年5月に釈放された。公判中に被告側の弁護士が、ベトナム人女性が事件の11日前の2017年2月2日にベトナムのノイバイ国際空港で、ベトナム政府関係者の男性に後ろから近づき男性の首に突然摑みかかるという「いたずら」を仕掛けていた映像を公開したこともあり、彼女らが暗殺については本当に何も知らなかったことが認められたようだ。

金正男氏は暗殺の6ヶ月前、日本人の友人に対して「私の命が狙われている」と話していたそうだ。

また、複数の専門家は、金正男の暗殺は異母弟である北朝鮮の最高指導者金正恩《キム・ジョンウン》が指令したものである可能性が高いと指摘している。が、異論もある。北朝鮮がマレーシア訪問中の金正男を暗殺しようとすれば、自国の工作員を動員する可能性は低いという。暗殺がうまくいかなかった場合、北とマレーシア間で外交問題が生じ、最悪の場合、マレーシアは北側との外交関係を切る危険性が出てくるからだ。

北朝鮮は自国を陥れるためにマレーシア政府と韓国が手を組んで企んだ謀略と主張。北朝鮮の犯行とされる1987年の大韓航空機爆破テロに関しても、改めて「韓国の自作自演だ」と強調した。

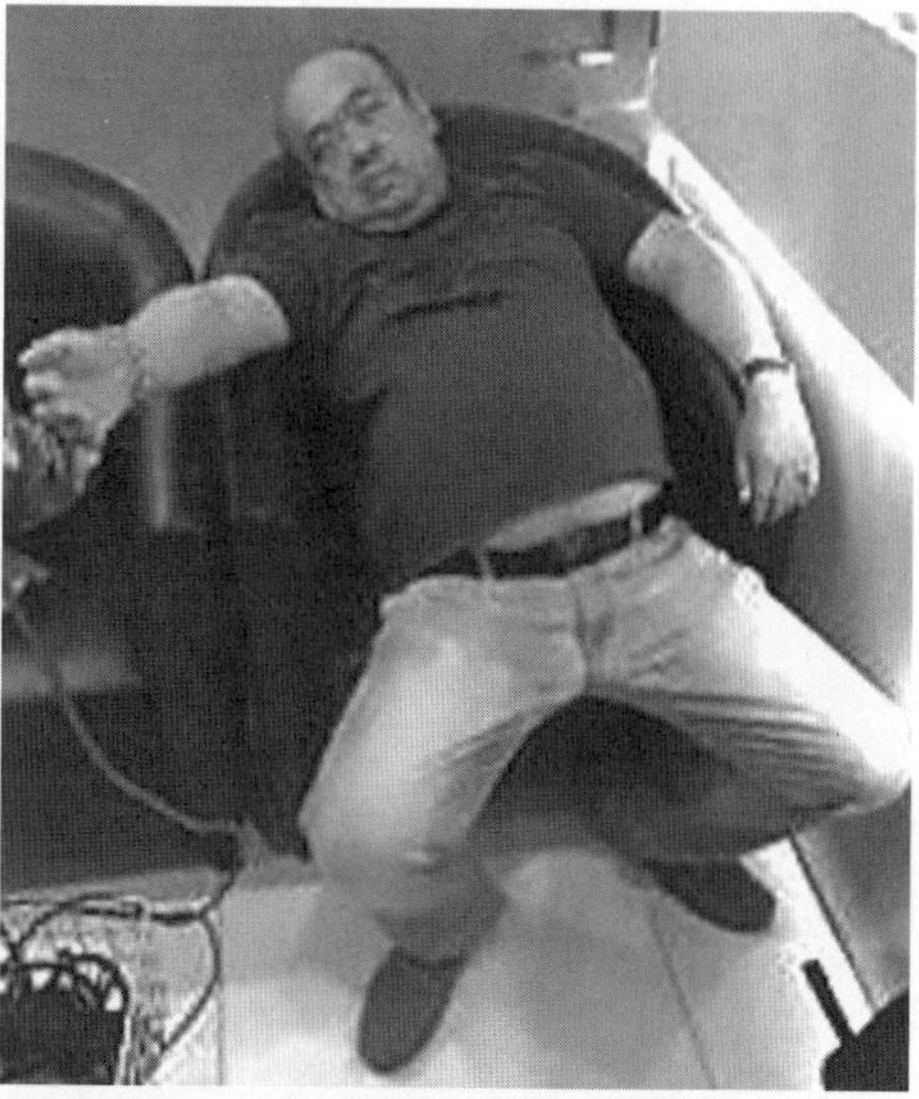

毒ガスを塗られた後、空港内の診療所で意識を失った金正男氏。運ばれた病院でまもなく死亡

都市伝説

明治天皇は、すり替えられた別人

皇位継承者の睦仁親王は即位後7ヶ月で暗殺

孝明《こうめい》天皇は江戸時代最後の天皇で、１８６７年1月、在位21年、35歳の若さで崩御した。死因は天然痘とされるが他殺説もあり、これが明治天皇すり替え説を誕生させた。

第二次世界大戦前まで、皇室に関する疑惑やスキャンダルの公言がタブーとされていた。が、戦後、言論統制が消滅すると、孝明天皇は病死ではなく毒殺されたという噂が流布される。同天皇は死亡時、風邪をひいていたものの他はいたって健康で回復の道をたどっていたものの、一転状態が急変して苦悶の果てに崩御したことは極めて不自然。何者かにヒ素を盛られ殺害されたのが真相だというのだ。

毒殺を唱える弁護士で古代史研究科の鹿島昇（１９２６－２００１）は、さらに孝明天皇の長男、睦仁《むつひと》親王も暗殺されたと主張している。一般には、睦仁親王が即位し明治天皇となったとされるが、実際に即位したのは全くの別人という説だ。なんでも、明治維新を推進する側にとって睦仁親王の存在は障害で、維新の立役者の1人である岩倉具視《いわくらともみ》が黒幕となり、皇位継承者の睦仁親王を即位後7ヶ月で暗殺し、明治天皇を南朝（南北朝時代、現在の奈良県吉野地区にあった朝廷）の子孫である大室寅之祐《おおむらとらのすけ》なる人物にすり替えたとのだという。

確かに、大室家は23代５００年以上続く南朝の系統である。が、そもそも寅之祐は大室家の血統ですらないと言われる。寅之祐は１８５０年に生まれたとき、虎吉という名前だった。虎吉が

明治天皇（左）と、大隈重信らと撮ったとされる「フルベッキ群像写真」に収まる大室寅之祐。外見は似ていなくもないが、そもそもこの群像写真は1868年、宣教師フルベッキが佐賀藩の藩校「致遠館」の学生らと撮った可能性が高いとされている

4歳のとき両親が離婚。虎吉を引き取った母親は大室弥兵衛なる人物と結婚し、ここで初めて虎吉は大室姓を名乗り始める。ほどなく母親と弥兵衛の間に寅之介が生まれる。が、寅之介は1歳数ヶ月で早世。弥兵衛はその後、再婚したものの、夫婦の間に子供が生まれなかったため大室家の血統はここで途絶えている。しかし、虎吉は早世した寅之介になりすまし、やがて寅之祐に改名。そして高杉晋作が組織した奇兵隊に参加したことで南朝の末裔《まつえい》として注目されるようになる。この後、寅之祐は大隈重信らとオランダ出身の宣教師グイド・フルベッキを囲み写真に収まっている。世にいう「フルベッキ群像写真」だが、すりかえ説信奉者は、ここに写った寅之祐が明治天皇とそっくりだという。果たして真相は…。

目的は、開戦に向け国民の支持を得るため

都市伝説

ルーズベルト大統領はわざと日本に真珠湾を攻撃させた

１９４１年12月8日未明の大日本帝国海軍による真珠湾攻撃を、当時のアメリカ合衆国大統領のフランクリン・ルーズベルトが、事前に察知をしながらそれをわざと放置し太平洋戦争を始めさせたという有名な説である。これはどこから生まれたのか？

１９３７年7月、中国・北京郊外の盧溝橋《ろこうきょう》にて日中両軍の小競り合いが発生（盧溝橋事件）、日本と中国は全面戦争に突入する。日本の予想に反し戦争は長引いたことで、日本は軍需物資が不足。資源確保を目的として東南アジアへ進出すると、アメリカ、イギリス、オランダなどがこれに強く反発、日本への資源供給をストップし経済的な締め付けを強めた（ＡＢＣＤ包囲網）。日本は資源供給の再開を求めてアメリカと交渉をす

1941年12月8日、日本軍のハワイ真珠湾攻撃で炎上し沈む米戦艦

るものの難航。交渉の最終段階にあたる１９４１年11月26日、アメリカは日本に向け条件を提示する。その内容を記した米国務長官コーデル・ハルによる文書「ハル・ノート」には、妥結条件として中国および仏印からの撤兵、日独伊三国同盟の実質的廃棄、汪兆銘《おうちょうめい》政権の否認が含まれていた。これを日本は最後通告と解釈。対米戦を決意したとされる。

しかし、この時期、アメリカは日本の外交暗号を解読し、日本が本格的な戦争準備に入ったことを知っていたそうだ。ルーズベルトは11月25日に最高軍事会議を開き、陸軍長官のヘンリー・スティムソンが「敵が攻撃してくるとわかっている場合に、手をこまねいて待っているというのも、あまり賢明なやり方じゃない」と述べたのに対し、「確かに日本軍に最初の一発を撃たせるということには危険がある。しかし、アメリカ国民の全幅の支持を得るには、日本軍に先に攻撃させて、誰が考えてもどっちが侵略者であるか、一遍の疑念もなくわからせるようにした方がいいのではないか」と返答したという。これが、真珠湾攻撃陰謀説の大きな根拠になっている。

日本が戦争を仕掛けてくることはアメリカが事前に知っていたとしても、具体的に真珠湾を攻撃することをなぜ察知できたのか。これには、１９４１年1月、駐日ペルー大使が駐日アメリカ大使に「真珠湾攻撃を至急米政府に通報してほしい」と伝えたとする説。日本で活動していたソ連のスパイ、ゾルゲが「１９４１年10月に日本は60日以内に真珠湾攻撃を行うという計画を持っている」とモスクワに報告し、これがワシントンに通報されたとする説。他に、暗号解読説など様々ある。果たして、ルーズベルト大統領は真珠湾攻撃を知っていたのか。真相はわからない。

都市伝説

昭和天皇は原爆投下を事前に知っていた

戦争を終結させるため意図的に放置

前項と同じく、戦争に関しての重大事項を事前に知っていたとする陰謀論だ。

日本の敗戦が色濃くなっていた1945年半ば、広島には軍の参謀本部も知らない極秘の電波傍受機関が置かれており、北マリアナ諸島テニアン島のハゴイ飛行場から飛び立つ米軍航空機の無線、機内でのパイロットの会話まで、あらゆる情報が手に入ったそうだ。

インドのニューデリー放送では、1945年6月1日、スティムソン委員会が全会一致で日本への原子爆弾投下をトルーマン大統領に勧告したこと。7月16日、世界で初めての原子爆弾爆発の実験が成功したこと。さらには8月3日、原子爆弾第1号として8月6日に広島に投下することが決定し、投下後どうなるかを同月3日〜5日の3日間、毎日朝昼晩の3回延べ9回も放送。長崎への原爆（8月9日）も2日前から同様に毎日3回ずつ投下実施とその影響などを予告し、その内容は全て広島で傍受されていたという。

では、原爆投下の時間まで知っていながら、なぜ市民には知らせなかったのか。これは全て戦争終結のため。原爆が最大の効果を発揮する必要があったからだという。

原爆投下が予告され、一部の人は知っていたという証言は多数あるそうだ。広島近郊で撃墜され、捕虜として広島に連行された米兵も、捕虜になったことより、「8月6日に広島は壊滅する。ここにいては確実に死ぬ」と脅えていたとの証言もある。つまり、広島と長崎への原爆投下は、戦争終結のためのアメリカと日本国天皇との合意の上でのシナリオだったというわけだ。

　これに関連した陰謀論に、戦争終結の決定打となる原爆投下を受けるため、1945年7月26日にアメリカ、イギリス、中国から出された日本への降伏要求の最終宣言（ポツダム宣言）の受諾を日本が意図的に遅らせたという説もある。第二次世界大戦終戦後、共産勢力に対して軍事的優位を立つため、日本への原爆投下はアメリカにとって必須事項だった。が、原爆の開発は遅々として進まず、プルトニウム型原爆の実験が成功したのは1945年7月16日（トリニティ実験）、まさに、ポツダムで日本への降伏勧告文が採択されようとしているときであり、機を逸すれば、原爆投下の機会を逃すとみた米国陸軍長官ヘンリー・スティムソンが「ある筋」を通じて昭和天皇に働きかけ、ポツダム宣言の受諾を遅れさせたという。が、昭和天皇が戦争を終らせるため、広島・長崎への原爆投下を放置としたとは到底考えにくく、こうした説は全くのデタラメという認識が多数を占める。

1945年8月6日午前8時15分、広島に投下された原爆のキノコ雲。この核攻撃により当時の広島市の人口約35万人のうち9万〜16万6千人が被爆から2〜4か月以内に死亡したとされる

都市伝説

マリリン・モンローはCIAに殺された

ケネディ兄弟と不倫。国家機密を知りすぎた女

１９６２年8月5日朝、「ハリウッドのセックスシンボル」と称された女優のマリリン・モンローがロサンゼルス自宅で亡くなった（享年36）。死体解剖によって、モンローは当時の睡眠薬の主成分であるバルビツール酸の過剰摂取による中毒死だったと判明。が、死体解剖の結果、致死量となるまで睡眠薬を摂取したにもかかわらず胃が荒れておらず、腎臓の数値も健常だったことがわかった。そのため、解剖医は詳しい組織検査を依頼したものの、上司はなぜかこれを拒否。彼女の死は自殺として片づけられる。

しかし、１９８０年代以降、自殺説は影を潜め謀殺説が根強く叫ばれ続けている。現場からは自殺に使うはずのコップは発見されておらず、またモンローが遺体で発見されたとき、手には受話器が握られていたものの、ＦＢＩが押収したモンローが死亡した前日と死亡した夜の電話の通話記録には電話局からは同時刻の通話記録はなく、部屋からはモンローの日記（赤い手帳）が消えていた。そのため電話の通話記録の改ざん・隠蔽を行うことができる人間がモンローの死に関わっていたとされる。

モンローが生前、ジョン・Ｆ・ケネディ大統領と不倫していたのは有名な話だ。この関係は大物歌手のフランク・シナトラの紹介で始まった。シナトラは、ケネディの大統領選挙の際の支援者でマフィアの大ボスのサム・ジアンカーナと関係の深い人物。こうした事情を知ったＦＢＩの

ジョン・エドガー・フーヴァー長官が、ケネディとモンローのみならず、ケネディとマフィアの関係についても度々忠告していたことが、この謀殺説を後押ししている。またこれらの不倫の事実が死後に公にならないように、モンローが常に会話の内容をメモしていた赤い手帳が表に出るのを避けるために謀殺後に密かに処分したという説もある。では、彼女は誰に殺されたのか？

マフィアのサム・ジアンカーナは回想録の中で、自分もモンローと肉体関係があったことに加え、彼女の死に関して、ＣＩＡから依頼され、モンローに睡眠薬の成分を濃縮させた座薬を入れたという、最も状況証拠に合致した証言を残している。ＣＩＡがモンローを殺害した理由は一つ。彼女が〝知りすぎていた〟からだ。モンローはケネディ大統領以外に、弟のロバート（１９６２年当時、米司法長官）とも関係し、ケネディ兄弟から国家の極秘情報をいくつも聞いたとされる。しかも、それを公の場でペラペラとしゃべる彼女の姿がたびたび目撃されていたという。アメリカ政府の対外情報機関であるＣＩＡが、そんなモンローを不都合な人物としてみなしていた可能性は十分ありうる。

ケネディ大統領との関係が終わった直後の1962年5月19日、ケネディの45歳の誕生日パーティで「ハッピー・バースデー・トゥー・ユー」を歌うマリリン・モンロー

都市伝説

アジアの歌姫、テレサ・テンは中国政府に暗殺された

民主化運動を支持する人気歌手は邪魔な存在

テレサ・テンは、「つぐない」「時の流れに身をまかせ」などのヒット曲で紅白歌合戦に出場するなど、日本でも広く知られた台湾出身の歌手だ。中国、香港、タイ、マレーシア、シンガポール、北朝鮮などでも大人気を博し、「アジアの歌姫」と称された彼女が、静養で訪れていたタイ・チェンマイのホテルで死亡したのは1995年5月8日のこと。部屋を出た廊下で気管支喘息による発作を起こし倒れていたところをホテルの従業員が発見、救急車で病院に搬送されたが、普段は10分で着くところが道路事情の悪さで30分かかり、到着時にはすでに息がなかったそうだ。まだ42歳という若さだった。公式には病死である。が、彼女の死因には今も暗殺説が根強く囁かれている。

テレサ・テンは歌手以外に、民主運動家としても知られる。1989年5月27日、彼女はかねてから中国内で起きていた民主化要求デモを支援する目的で行われた、香港ハッピーヴァレー競馬場での集会「民主の歌声を中華に捧げよう」に、メイクなしの「民主万歳」と書かれたはちまき姿で登場、平和を願う「私の家は山の向こう」という歌を熱唱し、約30万人の観衆を感動の渦に巻き込んだ。が、8日後の6月4日、悪夢の天安門事件が発生。中国政府は民主化運動を支持するテレサ・テンの入国を拒否し、彼女が翌年、両親の生まれ故郷である中国本土で歌うとい

う夢は消え去る。この後、テレサ・テンは戦車が迫ってくる悪夢を見るようになるなど精神的に追いつめられ、逃げるようにパリに渡り、14歳年下のフランス人のボーイフレンドと暮らした。

こうした事情から、彼女の死が伝えられたときも、疑いを持つ人は少なくなかった。実はテレサ・テンには天安門事件の翌年、死亡説が流れている。全くのデタラメだったが、巷では、彼女の命を狙っていた中国共産党政府が意図的にデマを流したのではないかと噂された。そのため1995年の公式発表も、当時の中国政府からの暗殺を恐れてのブラフではないのかという説、もしくは本当に死んでいるのであれば中国政府が発作による突然死に見せかけて殺したのではないかと噂された。

1989年5月27日、香港で開かれた中国民主化集会で歌うテレサ・テン

テレサ・テンは、チェンマイから台北に運ばれ、5月28日に国葬が行われたが、一部報道によると、彼女の遺体は死後まもなく冷凍処理されていたという。何か特別な理由があったのだろうか。

人体に有害なワクチンを接種させ死亡率を高める

都市伝説

ビル・ゲイツは人口削減計画の首謀者

世界有数のソフトウェア企業マイクロソフトの共同創設者で同社元会長、慈善活動家としても著名なビル・ゲイツ氏。2020年6月20日、イギリス紙『デイリー・メイル』が報じたところによれば、世界を襲うコロナ禍において、ゲイツ氏が人口削減を企んでいるという陰謀論が囁かれているそうだ。

2015年の時点で、近い将来、疫病が大流行することを警告していたゲイツ氏は、この頃からすでに各種のワクチン開発に積極的な資金援助を行っていた。今回のコロナ禍でもワクチン開発に数千億円の資金を提供しているが、その目的は人口削減にあると彼自身が発言している。これを一部の人間は、ゲイツ氏が人体に有害なワクチンを多くの者に接種させることで、死亡率を高めて人口を減らしていくという計画があるのだと噂した。が、事実は違い、各種のワクチン接種で幼児死亡率を低下させることによって多産である必要がなくなり、出生率が下がって結果的に人口が減るというのがゲイツ氏の真意らしい。

また、ゲイツ氏と妻メリンダ（夫婦は2021年5月に離婚）によって2000年に創設された世界最大の慈善基金団体「ビル＆メリンダ・ゲイツ財団に世界的人口削減計画の拠点であるという噂も流れた。これは同財団本部の建物に「Center for Global Human Population Reduction」（グローバル人口削減センター）という文字が刻まれた写真がSNSに出回ったこ

上は米ワシントンにある「ビル&メリンダ・ゲイツ財団」の本部。上部の「Center for Global Human Population Reduction」（グローバル人口削減センター）は、加工されたものだと指摘されている。ビル・ゲイツ（左）本人は様々な陰謀論に対し「根拠のない主張」と一蹴している

とから流布されたものだが、この画像は陰謀論者による精巧な加工画像であったことが各種のメディアで報じられている。

その他、ゲイツ氏には「ワクチンで巨万の富を築こうとしている」「遺伝子組み換え生物を子供に注射しようとしている」「ワクチン接種の機会に乗じて人々にマイクロチップを埋め込み、各種のデータベースにリンクさせたり、行動を追跡しようとしている」など不穏な話が様々に噂されているらしいが、いずれも陰謀論の域を出ないものばかり。逆に言えば、ゲイツ氏の存在、世界に与える影響がさほどに大きいということだろう。

本物の英雄は旧陸軍士官学校出身の金顕忠

都市伝説

金日成《キム・イル・ソン》はニセモノがなりすましていた

第二次世界大戦時、抗日パルチザン活動に部隊指揮官として活躍し、戦後、北朝鮮の初代最高指導者となった金日成（1912―1994）。同国では神にも近い存在だが、彼には別人による〝なりすまし説〟がある。具体的には、金日成は「義兵闘争の頃から1920年代まで活躍した」「縮地の法を使い、白馬に乗って野山を駆けた」「白頭山《はくとうさん》を根城にして日本軍と戦った」「伝説的な英雄の名前だったが、ソ連がこの英雄とは別の金成柱《キム・ソンジュ》なる人物を『金日成』とし、北朝鮮の指導者に仕立てあげた」というものである。

北朝鮮建国当初からまことしやかに流布されていた噂は本当なのか。金成柱がモデルにしたとされる英雄は実在したのか。この人物については、本名を「金顕忠《キム・ヒョンチュン》」といい、日本の陸士出身との説があったが、確かな証拠は何もなかった。

2016年10月30日付けの電子版『産経新聞』が、「金日成」と名乗り、大正から昭和初期にかけて旧満州（現中国東北部）で抗日独立運動を指導したとされる人物が、日本の旧陸軍士官学校出身であることを示す資料が発見されたと報じた。北朝鮮の最高指導者に就いた金日成主席は、いわば「初代金日成」ともいえるこの人物の名前や名声を踏襲して権威付けを図ったとされ、この発見は、金政権がよって立つ抗日闘争史の根幹を揺るがすものとも言えるという。

東京都内の陸士関係者の子孫宅から見つかった「陸軍中央幼年学校本科第八期卒業生徒人名

表（明治四十二年＝1909年五月）」の末尾には、「韓国学生　金顕忠　二二、〇〇」と記されており、同じく「明治四十四年五月　陸軍士官学校第二十三期生徒卒業人名」には「騎兵」の最後に、・「朝鮮学生　金顕忠」とあったそうだ。

当時の陸士の教育システムは約2年課程の中央幼年学校から陸士に進み、2年後に卒業して見習士官となり、数ヶ月後に少尉に任官するというもの。金顕忠は22歳ちょうどで中央幼年学校を卒業し、2年後に陸士の騎兵科を卒業。当時、大韓帝国となっていた朝鮮から日本の中央幼年学校に留学し、そのまま陸士に進んだが、在学中の明治43年（1910年）に韓国が日本に併合されたことから、卒業後しばらくして朝鮮に帰り、抗日運動に身を投じるようになった推測されるという。その後、金顕忠がどうなったかは不明で、一部にはソ連で処刑されたとの説もあるが、研究家の間では、金主席を含め、数人の「キム・イルソン」と名乗る人物が抗日運動を引き継いだとみられているそうだ。

北朝鮮の首都・平壌に建つ金日成像。
同国では伝説的な英雄として崇められているが…

チェチェン侵攻の口実を得ようとしていたプーチンの陰謀

都市伝説

ロシア高層アパート連続爆破はロシア連邦保安庁の自作自演

1999年8月31日〜9月16日まで、ロシアの首都モスクワ、ダゲスタン共和国のブイナクスク、ロシア南部・ロストフ州ヴォルゴドンスクで主に高層アパートを狙った爆弾テロが5件連続して発生。300人近くが死亡した。

最初の事件が発生する2週間前の8月16日、ロシアの首相に就任したウラジーミル・プーチンは、一連のテロがチェチェン独立派武装勢力の犯行と断定。これと、チェチェン武装勢力のダゲスタン侵攻を理由にチェチェンへの侵攻を再開する（第二次チェチェン戦争）。この強硬路線は多くの国民の支持を集め、プーチンは翌2000年に大統領の座に上り詰めた。

しかし、一連のテロはチェチェンへ侵攻する口実を作るため、ロシア連邦保安庁（FSB）が計画的に起こしたものとする説がある。最後の爆破事件が起きた6日後の1999年9

一連の爆破事件で300人近くが犠牲となった

月22日、ロシア・リャザン州の州都リャザン市内の集合住宅の地下で、ナンバープレートの最後の2桁の部分に紙が貼ってある車に乗った男女3人を住民が目撃し警察に通報。駆け付けた地元警察および警察の爆弾処理専門家が探知機で、非常に強力な軍用爆薬の反応を確認し、爆弾を処理する事件が発生した。プレートに貼られた紙にはリャザンを示す数字が書かれていたが、その下に透けて見えた実際の数字はモスクワのもので、通報した住民は「不審者3人はロシア人だった」と証言。その後、「リャザンから脱出できない」とモスクワへ長距離電話をかけた男の会話の一部を地元電話局のオペレーターが偶然耳にし、警察に通報。警察が通話記録を調べたところ通話先はFSBだったことが判明した。2日後の24日、FSBの長官が事件について「爆弾は訓練のために仕かけたダミー。火薬のように見えた袋詰めの白い粉は砂糖だった」と発表する。が、爆弾処理に当たった警察の専門家は、新聞社のインタビューに「爆弾は間違いなく本物で2万ドルもする世界クラスのもの」と証言。このことから、一連の爆破テロがFSBによる自作自演ではないかとの疑いが浮上する。

2002年、テロが起きる半年前までFSBに勤務し、2000年にイギリスに亡命した反体制活動家アレクサンドル・リトビネンコが、共著の中で、爆破事件は「プーチンを権力の座に押し上げるためFSBが仕組んだ偽装テロだった」と証言した。4年後の2006年11月、彼はプーチン政権に批判的な報道姿勢で知られたジャーナリストアンナ・ポリトコフスカヤの射殺事件の真相を究明するため、イタリア人教授を名乗る人物とイギリス・ロンドンで会食中に中毒死。これも、FSBによる毒殺との説が囁かれている。

都市伝説

アポロ11号の月面着陸はアメリカの捏造

名匠キューブリックがハリウッドのスタジオで撮影

1969年7月20日、アメリカ宇宙船アポロ11号が人類史上初の月面着陸に成功した。その際にアームストロング船長が発した「これは一人の人間にとっては小さな一歩だが、人類にとっては偉大な飛躍である」という言葉はつとに有名である。が、一部には、この歴史的ミッション自体がフェイクで、NASA（アメリカ航空宇宙局）が全世界に配信した月面着陸の映像は捏造されたものとする説がある。

捏造を主張する者の多くは、月面で撮影されたとされる写真に多くの矛盾点があると指摘する。1月面で撮影されたはずの写真なのに、空に星が写っていないのはなぜか。2月面は真空であるはずなのに、写真や映像に写っている星条旗がはためいているのはなぜか。3太陽は一つなのに、写真によって影の方向がバラバラになっていたり、長さが違うのはなぜか。光源が複数あるためではないのか等々だ。

また、当時のアメリカに、人類を月に着陸させるだけの技術はなかったとの主張もある。第二次世界大戦後の東西冷戦下、アメリカとソ連は1950年代後半より熾烈な宇宙開発競争を繰り広げていた。ロケット開発でリードを取れば、技術的に似ているミサイル開発でも優位に立て、世界の覇権争いに勝利できると両国がしのぎを削っていたのだ。1957年10月、ソ連は人類初の人工衛星スプートニク1号の打ち上げに成功、4年後の1961年4月には宇宙飛行士ユーリイ・ガガーリンが人類で初めて地球軌道を周回する。完全に遅れを取ったアメリカは、当時の大統領ジョン・F・ケネディが10年以内で人間を月面に立たせると宣言したことで、これが至上命令となる。アポロ計画が立ち上がり、数々のミッションが敢行されたが、高度な技術と巨額の費用が必要とされたため、月面着陸成功に光がなかなか見えてこない。1960年代後半、ベトナム戦争の情勢悪化で人気が下降していた当時のニクソン大統領にとっても、月面着陸は支持率を回復させるための千載一遇のチャンスだった。そこで、白羽の矢が立ったのが映画監督のスタンリー・キューブリックだ。1968年、本物の宇宙空間を思わせる映像で構成された映画「2001年宇宙の旅」を作った彼に、米国防長官ドナルド・ラムズフェルドをはじめとするアメリカ高官が直接依頼し、ハリウッドのスタジオで月面着陸の様子を秘密裏に撮影させ、その映像を全世界に発信したのだという。

よくできた話ではある。が、こうした捏

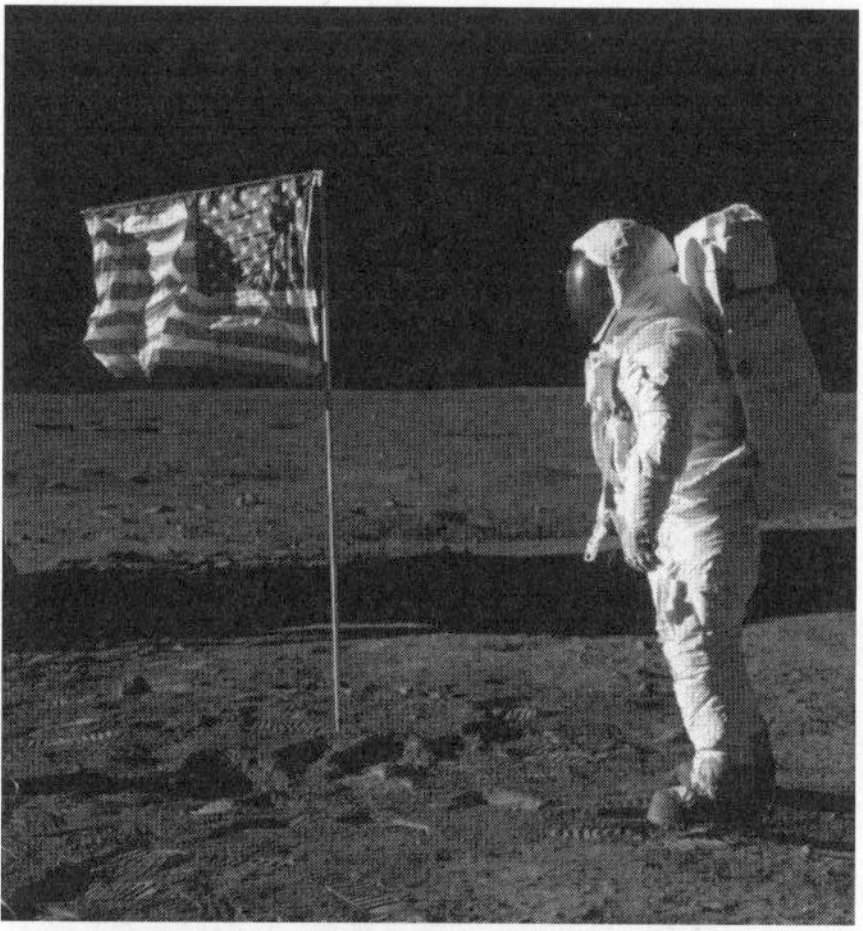

月面を歩くアポロ11号の乗組員エドウィン・オルドリン。捏造説の支持者は星条旗が揺れていのを疑問視したが…

造説は全くのデタラメとの見方が強い。月面での写真の矛盾に関しては、**1**＝撮られた時間が月の昼間に当たる時間であり、太陽光が当たって輝いている地表に露出を合わせているからで、星が写っている方がむしろおかしい。**2**＝星条旗を地表へねじ込むときにポールを動かすので真空中でもその反動で旗は動く。**3**＝写真という二次元上の表現では、遠近法により影が平行であってもそう見えないときがある。また地表の傾きに差があった場合などは、影の長さが変わっても何ら不自然ではない。と科学的な説明がなされている。

そして、そもそもアポロ11号の月面着陸が捏造とするなら、なぜアポロ17号（1972年）まで6回も月面着陸を行いそれが発覚するリスクを高め、さらには乗務員が命の危険に晒されたアポロ13号のような事故（1970年）を起こす必要があったのか。答えは言うまでもないだろう。

ちなみに、月面着陸の映像を撮ったとされるキューブリック監督の娘ヴィヴィアンは2016年7月、ツイッター上で「父のようなアーティストが本当にアメリカ政府の国民への裏切りに手を貸したと思うの？」と噂をばっさり否定している。

アメリカの高官に依頼され、月面着陸の映像を撮影したと噂されたスタンリー・キューブリック

第7章

怖いエトセトラ

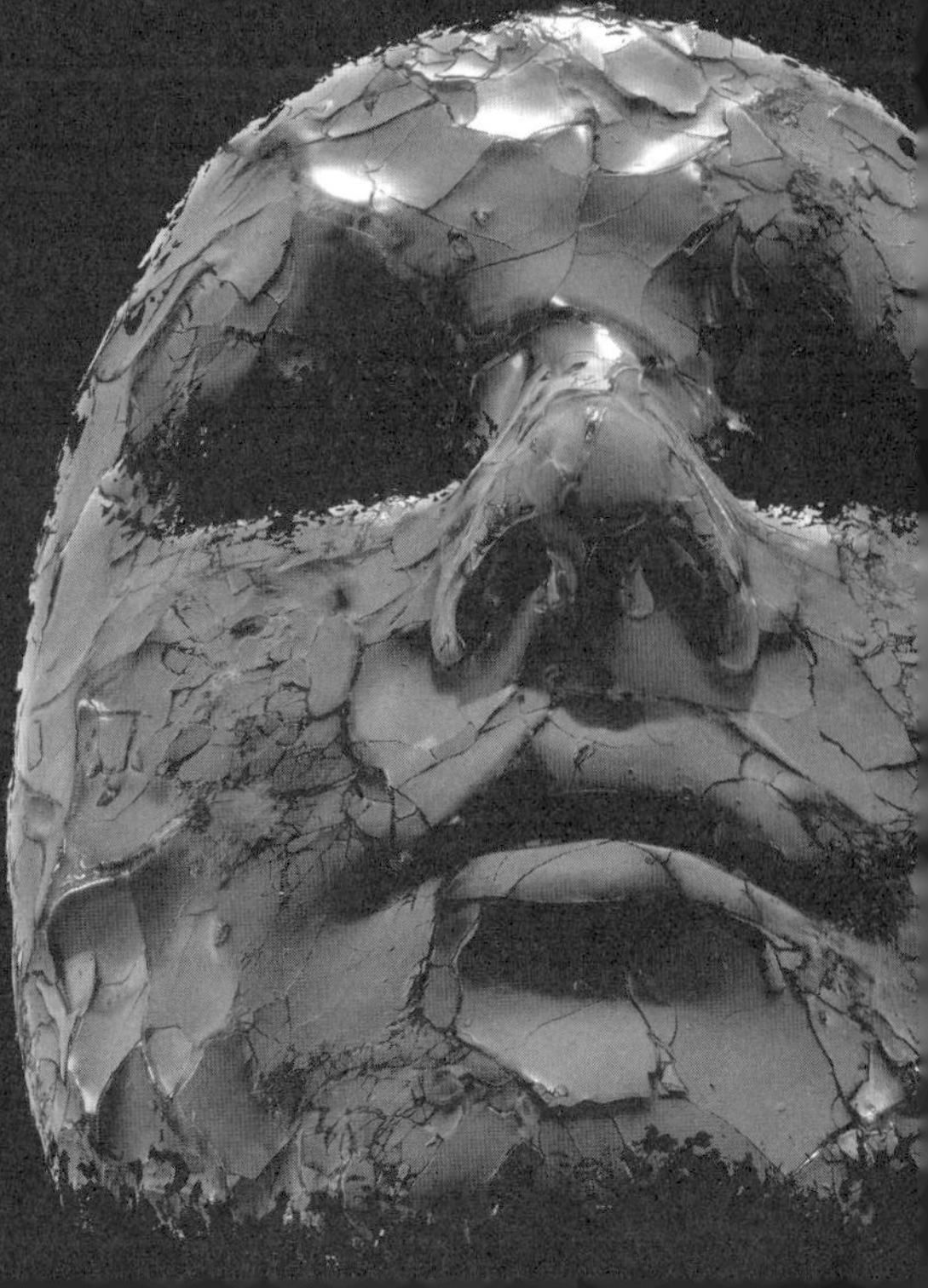

都市伝説

ラジオ局にかかってきた電話から瞬く間に噂が拡散

ポール・マッカートニー死亡説の顛末

ポール・マッカートニー。言わずとしれたビートルズの元メンバーで、80歳（２０２２年7月時点）になった現在も第一線で活躍を続けている。この世界的アーティストに半世紀以上前、死亡説が流れたことがある。騒動の経緯は以下のとおりだ。

１９６９年10月12日、米デトロイトのラジオ局ＷＫＮＲ－ＦＭでＤＪラス・ギブがホストを務める番組に正体不明のリスナーから電話があった。何でも、ビートルズのホワイト・アルバムの「レボリューション9」のイントロの「number nine. number nine」を逆回転で放送してくれという。不審に思いながらも放送中にギブが逆回転でかけてみると、「Turn me on, dead man」（訳注「俺をその気にさせてくれ、死人よ」の意）と聞こえてきた。他にも、番組中に「ストロベリー・フィールズ・フォーエバー」の最後でジョン・レノンが「I buried Paul」（訳註「俺はポールを埋葬した」の意）と言っていることが判明。リスナー曰く、これが意味するのは「ポールの死亡」。この噂は瞬く間に全米に拡散される。

ポールの死亡説は１９６７年1月、彼の車を巻き込んだ交通事故が起こって以降、ロンドンで流れていた。当時、ビートルズはライブ公演を廃止しており、ポールが公の場に姿を現すことは滅多になかった。それから2年後の１９６９年9月、「ビートルズのポール・マッカートニーは死んでいる？」と題した記事が、米アイオワ州ドレイク大学の学生新聞に掲載される。この時点で「レボリューション9」逆回転の噂は流れており、これを知った1人がラジオ局に電話をかけてきたものと思われる。

こうして広まったポール死亡説の筋書きは「ビートルズのレコーディング中に口論を起こしたポールは怒りにまかせて帰りの車を走らせた。そして自動車事故を起こし、結果的に命を落としてしまう。世間を悲しませないようビートルズは、代役にポールのそっくりさんコンテストで優勝したウィリアム・キャンベルを立てることにした」というもの。対しビートルズの広報担当は、ラジオ局の放送から9日後の1969年10月21日、全世界のメディアで取り沙汰されたこの噂を正式に否定した。

ポール・マッカートニー。デビューから半世紀以上経ってなお現役

ちなみに、ポール本人は1974年、『ローリング・ストーン』誌のインタビューで、「オフィスの誰かが電話してきて、『なあ、ポール、お前、死んでるってよ』と言ったんだ。俺は『そうか、俺はそう思わないけどな』と答えたね」と語ったそうだ。

都市伝説

ニューヨークの下水道に巨大なワニが棲息している

物騒な噂に水道局、市警、地元紙が独自調査

1960年代のアメリカ・ニューヨークでこんな噂が流布された。

ニューヨーカーはよくフロリダなど温かい土地へ遊びに出かけるが、子供たちにペット用のワニを土産に買ってきてくれるよう頼まれることが多い。そこで彼らは現地のペットショップに立ち寄り、まだ成長していない可愛い仔ワニを買って帰る。しかし、家で飼い始めると、ワニはあっという間に大きくなり、困った親たちは下水道に廃棄してしまう。やがてワニは、暖かく栄養も豊富な下水の環境に適応し、体長2メートルまでに成長。ニューヨークの下水道にはそんな巨大ワニが今も棲んでいる――。

いかにもな都市伝説だが、当時のニューヨークの住民にはこの話を真に受ける人が多く、ニューヨーク市水道局、市警、地元紙『ニューヨーク・ポスト』などがそれぞれ独自調査を行ったという。結果、ワニは見つからなかった。いや、正確には2メートル級の巨大ワニがいなかっただけで、調査のたび、数十センチのワニが発見されたという。

動物にまつわる異常な出来事を研究していた人類学者のローレン・コールマンは、1843年から1973年までの間にアメリカ国内の考えられない場所でワニに遭遇した事例を70件以上

も報告し、その中で下水道にワニがいた例として、1935年2月10日付の『ニューヨーク・タイムズ』が報じた記事を挙げている。報道によれば、巨大なワニがマンハッタンの東123番通りにある地下道において雪をマンホールに捨てにいった少年たちにより発見され、レスキュー隊により射殺されたそうだ。

日本でも1993年8月、東京都練馬区の石神井公園の三宝池で巨大ワニの目撃証言が相次いだことがある。マスコミが連日報道し、罠をしかけるなどの大騒動になったが、結局発見されなかった。

実際に巨大ワニが逃走した例もある。2014年4月、沖縄県北谷町美浜の飲食店から、店の池で飼育していたワニ1匹がいなくなったと110番通報があった。約1時間後、店の裏側の敷地内で発見し、動物園職員らの協力も得て、約20人がかりで抵抗するワニを捕獲。ワニは体長約1・8メートルで、署員らは暴れるワニにロープを巻き付け、板を使い箱の中に追い込んだそうだ。ただし、逃走経路はわかっておらず、これが都市伝説のように下水道に逃げ込んだとしてもおかしくない。

2015年3月、米フロリダ州のゴルフ場の池からホールに現れた体長3メートル超えの巨大ワニ

都市伝説

子供向け番組「ロンパールーム」残されたぬいぐるみ事件

先生役の、うつみ宮土理が噂を肯定

1960年代~1970年代に日本テレビ系で放映されていた「ロンパールーム」。この子供向け番組には、一つの都市伝説がある。

先生からゲームとして『き』で始まるものの名前を答えてください」と言われた幼児の1人が「きんたま」と発言、先生が「もっときれいなもので答えてね」と言ったところ、今度は「きれいなきんたま」と答えた。そこで番組は「しばらくお待ちください」と放送を中断、再開した際、その幼児が座っていた場所にはクマのぬいぐるみが置かれて、当の幼児はいなくなっていた、というものだ。

この噂は1980年代初めから流布され、長らく都市伝説として考えられていたが、番組で先生を務めていた、うつみ宮土理が2002年12月、「さんまのSUPERからくりTV」(TBS系)に出演した際、「キンタマ」という単語を連発する司会の明石家さんまに「そういう子がロンパールームにいたのよ。言うことを聞かなくてうるさいから出て行ってもらったの」と発言。対してさんまが「で、コマーシャルが終わったらその子の席にぬいぐるみが置かれていたんでしょ」と聞き返したところ、うつみは「そう」と肯定した。

また、2005年4月放送の「ビーバップ！ハイヒール」（ABC朝日放送）でも検証コーナーとして特集を組み、うつみにこの件について確認したところ、うつみは「自分が番組を担当していたときに実際に起こった」「収録はVTRだったが、当時は編集には時間も経費もかかったため、多少問題にはなったのだが、結局、そのまま放送することになった」と断言している。

違う番組で似たような事例がある。2005年9月21日放送の「笑っていいとも！」（フジテレビ系）の「テレフォンショッキング」にて、ある観客が「番組が年内終了するのか？」と司会のタモリに繰り返し質問したことからスタッフにつまみ出され、CMの後、その席には実際にクマのぬいぐるみが置かれていた。後に、その観客には了承を得た上で退席してもらい、スタッフが急遽ぬいぐるみを用意したと説明されたが、「ロンパールーム」の件とともに、都市伝説が現実化した稀有な例と言えよう。

1963年〜1979年まで放送されていた「ロンパールーム」。事件は、うつみ宮土里が2代目の先生を務めていた頃に起きた

都市伝説

オバマ元大統領の夫人、ミッシェルは元男性

生まれたときの名前はマイケルで、後に性転換手術を

2009年、アフリカ系アメリカ人・有色人種として初の米大統領になったバラク・オバマ氏。彼はシドリー・オースティン法律事務所で弁護士として勤務していた1992年、同じく弁護士として同事務所で働いていたミッシェル・ロビンソンと結婚。ミッシェルもまたアフリカ系アメリカ人としては初のファーストレディとなった。

そんなミッシェル夫人が元男性であるという噂が流れ始めたのは、オバマ氏の大統領任期が切れる半年前の2016年後半のことだ。きっかけは、ある人物がウェブで自説を展開したことにある。曰く、身長180センチというガタイの良さ、大きな手、肩の膨らみ、中指よりも薬指が長く、これも男性である証拠だという。さらに生まれたときの彼女の名前はマイケルで次男坊、ジョンズホプキンス大学医学部で性転換手術を受けたものの、喉ぼとけがあり、結婚式の映像には股間のもっこりも映っているのだそうだ。

常識的には、あまりに馬鹿げた妄想話である。が、オバマ元大統領の弟であるマリク・オバマ氏も、ミシェル夫人が実はマイケルという名の男性であるのではないかと疑問を口にしたことがあるそうだ。マリク氏は2017年に、オバマ元大統領がケニア生まれであるとする出生証明書を公開したこともあり、前大統領夫妻の秘密を知っているとも言われている。加えて、ハイキング中のオバマ氏と男性レポーターとの会話にも注目が集まっている。レポーターが「うちの子

供たちが〝大統領に恐いものはある?〟と聞いてほしいと言っているのですが」と尋ねたところ、「私のマイケ……ミシェルが怒ったときは恐いね（笑）」と、まるでオバマ氏が〝マイケル〟と言いそうになったシーンが残っているというのだ。

しかし、こういう話も完全なデマだろう。なんせ、オバマ夫妻には、ミッシェル夫人が出産した2人の子供がいるのだ。

ちなみに、彼女は2018年、自身の半生を描いた『マイ・ストーリー』を出版、2020年11月までに全世界で1千400万部を売り上げた。当然ながら、同書に自分が元男性であるといったような記述は一切ない。

ミッシェル・オバマ元大統領夫人。2021年5月現在、57歳

都市伝説

シェイクスピアは影武者だった

無学な人間に四代悲劇が書けるわけがない

ウィリアム・シェイクスピア（1564－1616）。四大悲劇『ハムレット』『マクベス』『オセロ』『リア王』をはじめ、『ロミオとジュリエット』『ヴェニスの商人』『夏の夜の夢』など数多くの作品を残したイギリスを代表する劇作家だ。この世界的偉人の権威を根底から覆す一つの噂がある。なんと彼の著名な作品群は実のところ他の人間によって書かれたものではないか。つまりシェイクスピアにはゴーストライターがいたというのである。

シェイクスピアは11歳で学業を中断、家業を手伝ったり奉公に出て、18歳で8歳年上のアン・ハサウェイと結婚、21歳で3人の子供の父親になっていた。生活はかつかつだった。が、22歳になった1585年年頃にロンドンに進出してから人生が一変する。ロンドンの表舞台で俳優に変身する一方、戯曲や詩を次々と発表する人気作家として活躍し始めたのだ。噂の端緒は、この華麗なる変貌にある。

シェイクスピアの戯曲には、宮廷社会、法律、医学、博物学、外国事情など、多岐広範囲に及び、また16世紀に使われた英単語の8割が使用され、さらにシェイクスピアは数千もの造語を作ったとも言われている。当然ながら、そのためには一流の知性と教養、知識と経験が必要になる。果たして、学歴もなく、姉さん女房の尻に敷かれながらうだつの上がらない暮らしを送っていた男に、そんなことが可能なのか。さらに、疑惑を深めているのは、シェイクスピアが活躍し始めた16世紀後半から現在までの400年以上、彼の直筆原稿は、作品、日記、手紙に至るまで、何一つ発見されていない点だ。シェイクスピアが戯曲を書いたという証拠が全く残っていないのだ。

こうした事情からシェイクスピアは影武者で、実際に書いた人物は他にいるという説が18世紀頃から流布されるようになった。では、ゴーストライターを務めたのは誰か？　代表的なところでは、エリザベス1世（シェイクスピアが活躍した時代の女王）、妻アン・ハサウェイ、複数の劇団員などが挙げられているが、最も有力なのがクリストファー・マーロウだ。彼はシェイクスピアが登場するより早い時代に人気作家として地位を確立したものの、29歳の若さで逝去。その時期にちょうどシェイクスピアが脚光を浴び始めているため、マーロウの死は偽装でシェイクスピアとして活躍したのではないかと言われている。ただ、これが事実としても、なぜシェイクスピアにゴーストライターをつける必要があったのかという根本的な謎は解けない。

ウィリアム・シェイクスピア。1613年、49歳で引退し、余生は戯曲とは無縁の生活を送ったという

現在も年に数件、医科大学や大学病院に問い合わせが

都市伝説

超高額の報酬が得られるという「死体洗いのアルバイト」伝説

昭和30年、40年代生まれの人なら一度は聞いたことがあるであろう「死体洗いのアルバイト」。大学病院に解剖実習に使う死体がホルマリン漬けになってプールに浮かべられており、それを洗浄する仕事をすれば日給5万〜10万の超高額報酬が得られる、というものだ。そんな大金が貰えるならと、あらゆるツテを頼って求人を探したり、中には直接、大学病院に問い合わせをした人も少なくないと聞く。が、現実には死体洗いのバイトなど存在せず、これはあくまで都市伝説だ。

この噂の発端は、作家大江健三郎が1957年に発表した『死者の奢り』にあると言われる。大学病院の解剖用の死体を運ぶアルバイトをする

噂では、プールにホルマリン漬けの死体が数多く浮いているという。写真はイメージ

青年を主人公にした短編小説で、芥川賞の候補にもなった作品だ。本作で描かれる仕事は「死体洗い」ではなく「死体運び」、また死体も「ホルマリン」ではなく「アルコール」に浸されているが、ここから伝説が生まれた可能性は高く、他にも洗浄する対象が献体ではなくベトナム戦争で戦死したアメリカ兵だったり、仕事内容も「洗浄」ではなく遺体を縫合したり「死化粧」を施すなどの派生形がある。

なお、一連の噂の内容は公式に否定され、素人が死体を扱うこと自体ありえないとされている。厚生労働省の「平成20年度化学物質による労働者の健康障害防止に係るリスク評価検討会報告書」によると、遺体の保存については、専門の知識を有する者が大腿動脈等から10％ホルムアルデヒド溶液を注入した後、脳を取り出して60％エタノール・40℃で3週間程度、防腐処理を行い、その後、一体一体別々に保存庫で保管しているのだという。またホルマリンに関しても、2008年12月の法令改正で第3類特定第2類特定化学物質に指定替えされるほどに有毒性の高い物質で、無対策の大きなプールに遺体を直接浸すという行為は、呼吸器や中枢神経系へ大きな影響を及ぼす危険極まりないものらしい。さらに、解剖実習中は、ホルマリンではなくフェノールなどを振りかけるのが一般的であるとも断言されている。

それでも、今なお多くの医科大学や大学病院には、年に数件の問合せがあるらしく、電話を取った職員が問い合わせに対し「そんなに給料が良ければ俺がしたいよ」と返答したというジョークも存在しているそうだ。

都市伝説

家を訪れ丁寧な言葉遣いで「トイレを貸してほしい」と
アメリカで目撃される「黒い目の子供たち」の正体

「黒い目の子供たち」（通称ＢＥＫ）はアメリカを中心に目撃談が報告されている、その名のとおり瞳が黒く覆われた子供たちのことだ。年齢は6～16歳。大きめの子とそれより年下の子という年齢の異なる2人でペアを組んでいることが多く、ヒッチクハイクをしていたり、夜に突然、家を訪れ丁寧な言葉遣いで「トイレを貸してほしい」「電話を貸してほしい」などと頼み事をしてくるのだという。

ＢＥＫが世間に知られるようになったのは、アメリカの記者ブライアン・ベセルが１９９６年にオカルト系メーリングリストに書いた記事が発端とされる。ベセルによれば、同年夜、テキサス州のアビリーンで映画館の前で車を停めて小切手を書いていたところ、サイドウィンドウをノックする音が聞こえたそうだ。見れば、フード付きのトレーナーを着た9～12歳くらいの少年2人組が立っている。窓を開けて話を聞いたところ、映画を見に来たがお金を忘れてしまったので家まで送ってほしいという。妙な話だと思いながら彼らを改めて見てみると、逆に2人が真っ黒な目で自分を見つめていた。激しい恐慌に襲われベセルは謝りながらウィンドウを閉めたのだが、子供たちは車の窓を叩きながら「入っていいと言ってもらわないと入れない。中に入れろ！」と大声を上げる。ベセルはそのまま車を出して走り去ったという。

この体験談は巷で噂となり、後にベセルがテレビ番組で同じ話をしたことから、全米に拡散。同時に彼と似たような目撃談がオカルト系サイトなどに投稿されるようになる。中でも世間の注目を集めたのが、2014年9月に、イギリスの大衆紙『デイリー・スター』がBEKの目撃談について3回にわたり1面でセンセーショナルに特集した記事だ。なんでもイングランドの地方自治体地区キャノックチェイスにあるパブがかなり安値で売りに出されているが、黒い目の小さな女の子が出るため売れないというもので、記事は大きな反響を呼んだ。また、2012年夏には米カリフォルニア州サクラメントで、2016年4月には米ラスベガスで黒い目をした「大人」の目撃談が報告されれいる。

BEKとは何者なのか。巷では吸血鬼、地球外生命体、悪魔など様々に取り沙汰されているが、その目撃報告は警察の報告書などの裏づけを持たない、単なる都市伝説との見方が強い。

「黒い目の子供」のイメージ画像

都市伝説

サンチアゴ航空513便事件

35年前に失踪した旅客機が92人の白骨遺体を乗せ着陸

1989年10月12日、ブラジルのポルト・アレグレ空港の管制室はパニックに陥っていた。レーダーに一機の未確認航空機が映り、刻々とアレグレ空港に向かって飛来していたのだ。管制官が慌てて未確認機に交信を試みたが全く返答はなく、同機は許可なく滑走路に着陸した。すぐさま機内を確認した空港関係者はそこで驚くべき光景を目にする。乗員乗客92人全員が完全に白骨化した遺体となっていたのだ。いったい、どういうことなのか？

調査隊がフライト・レコーダーを調べてみると、さらに驚くべき事実が判明する。この旅客機は、35年前の1954年9月4日の早朝、ポルト・アレグレ空港へ向けて旧西ドイツのアーヘン国際空港を飛び立ったサンチアゴ航空513便で、同機は航路の途中、大西洋上で忽然と姿を消していたのだ。ということは、過去の失踪機が突然現れて遺体ばかりを載せた状態で到着したことになる。この異常事態はブラジルでは大きな騒動となり、政府の命令で様々な調査が行われたが、この機が35年もの間、どの様に飛行してきたのか、全くわからずに終わった――。

これは1989年11月14日、アメリカのタブロイド紙『ウィークリー・ワールド・ニュース』が掲載した記事の内容を抜粋したものだ。まさに時空を越えた前代未聞の大事件である。が、記事が報じるサンチアゴ航空は国際民間航空機関の資料には存在しない会社で、サンチアゴ航空513便を襲ったとされる怪事件も航空機事故の記録に掲載されていない。さらに、これほどの事件であれば大々的に報道されてしかるべきだが、ブラジルはもちろん世界で当事件を扱ったメディアは皆無だ。

結論から言ってしまえば、この事件は『ウィークリー・ワールド・ニュース』がでっちあげたものだ。同紙がメインで扱うのは、ジョーク・ネタやパロディ物の記事。最初から真に受けるものはなかったが、日本において、オカルト雑誌『ムー』やＴＢＳのテレビ番組「ＵＳＯ!? ジャパン」などが当事件を、バミューダトライアングルに消えた航空機が帰ってくる「逆バミューダトライアングル現象」と報道したことで、さも本当の出来事のように伝わったのである。ちなみに、『ウィークリー・ワールド・ニュース』は１９９２年５月26日号においても、リオ・デ・ジャネイロ発ハバナ行の旅客機が１９３９年に行方不明になり、53年後の１９９２年に36名の白骨化した乗客を載せてコロンビアのボゴタの空港に着陸したという、似たようなフェイクニュースを掲載している。

Did plane missing for 35 years fly through time warp?

1950s AIRLINER LANDS WITH 92 SKELETONS ON BOARD

By IRWIN FISHER

Aviation authorities say a commercial airliner that flew out of Germany in 1954 has landed in Brazil with 92 skeletons aboard!

And while the officials refuse to speculate on the whereabouts of the plane for the past 35 years, several respected scientists, including paranormal researcher Dr. Celso Atello, say Santiago Airlines Flight 513 almost certainly entered a time warp and just flew out.

"There is no other explanation," Dr. Atello told newsmen in Porto Alegre, Brazil.

"Flight records show that the aircraft left Aachen, West Germany, on the morning of Sept. 4, 1954, and then vanished over the Atlantic Ocean on its way to Porto Alegre later that day.

"At the time aviation authorities assumed that it had crashed. But the plane landed in Porto Alegre a few weeks ago on October 12.

"It was piloted by the skeleton of its captain and all the crew and passengers were dead, too. Officials don't want to discuss explanations. But they cannot deny that this airplane had defied the laws of space and time. And God only knows how a skeleton managed to land it."

Remains of 88 passengers & 4-man crew found on aircraft — with dead pilot still at the controls

Santiago Airlines went out of business in 1956 and executives who are still alive didn't know enough about the flight to comment.

Brazilian aviation officials themselves confirmed that the vintage Lockheed Super Constellation aircraft "appeared out of nowhere" and landed at an airstrip west of Porto Alegre on October 12.

They also said that its powerful turboprop engines were still idling when support personnel found the skeletal remains of 88 passengers and a four-man crew, including Captain Miguel Victor Cury — who was still clutching the controls.

Government agents are known to be investigating the mysterious flight. But they refuse to discuss anything about the airplane or the course their investigation is taking.

The official shroud of secrecy has outraged Dr. Atello and other experts who are now calling on the Brazilian government to let civilians assist in the investigative effort.

Roberigo de Manha, a retired physics professor in Porto Alegre, said: "The public has a right to know everything about this plane and the government has a duty to tell them.

"If this plane did enter a time warp and there is evidence to prove it, the entire world should be told. Something like this could change the way we view our world and alter science as we know it.

"It is a crime to keep information like this secret — especially from the relatives of the people who perished on Santiago Airlines Flight 513."

Bad check writers are bounced back to school

People who write bad checks are being sent to class to learn how to balance a checkbook.

Writer's School on minor offenders.

"It's dumb mistakes that bring most of us here today," said salesman Larry Logsdon, 35, who bounced a $75 check at a supermarket.

1989年11月14日、事件を大々的に報じる
『ウィークリー・ワールド・ニュース』の紙面

都市伝説

「こちら灯台、どうぞ」

米海軍とカナダの沿岸警備隊の間で交わされた航路をめぐる通信記録

1995年10月、アメリカ海軍の艦艇とカナダのニューファンドランド島の海岸警備当局との間で次のような内容の交信がなされた。

アメリカ「衝突の恐れあり、貴艦の針路を15度北に変更されよ」

カナダ「できない。衝突の恐れあり、そちらの針路を15度南へ変更せよ」

アメリカ「こちら米海軍の軍艦の艦長である。もう一度繰り返りかえす。そちらの針路を変更せよ」

カナダ「ノー、それは不可能だ。もう一度繰り返す、貴艦の針路を変更せよ」

アメリカ「こちらはアメリカ海軍太平洋艦隊最大級の航空母艦エンタープライズである。我々は駆逐艦八隻、巡洋艦四隻と多数の艦船を従えている。我々はそちらの針路を15度北に変更するよう要求する。もう一度　繰り返す。そちらが15度北に変進せよ。我々の要求が容れられなければ、艦の安全のために対抗措置をとる用意がある」

カナダ「こちら灯台。どうぞ」

これは、アメリカ海軍作戦部長の事務所から流出した実際の通信記録という触れ込みで、ネッ

アメリカ海軍の大型艦エンタープライズとカナダの灯台。写真はイメージ

トを介して広まった話だ。登場する艦艇は、空母エンタープライズやコーラル・シー、ニミッツ、戦艦ミズーリなど。場所はノースカロライナ州沖合、ピュージェット湾、スペインのフィニステレ岬だったりするが、最後の応答は決まって「こちら灯台、どうぞ」で、これが話のタイトルに付けられる場合が多い。

　アメリカとカナダの軍艦が互いに航路を譲らないとは異常事態だが、大西洋艦隊の広報官は「まったくありえない話」と一蹴し、アメリカ海軍作戦部長の執務室も問題となっている文書を発信したことはないと発表。また、元沿岸警備隊に所属していた全米灯台協会は「灯台を船と見間違えるなどありえない」と述べている。

　つまりは単なる都市伝説というわけだが、この小話は1930年代に原型があり、様々に形を変えながら、現在も〝主我主義に対する反省を促すための説得力のある教訓〟として、スピーチや小説などに引用されることがあるそうだ。

都市伝説 猫レンジ事件

メーカーを訴えた結果、多額の賠償金支払い命令が

独り暮らしのおばあさんが、子供たちから電子レンジをプレゼントされた。おばあさんは大いに喜び、ミルクを温めるにも、冷凍食品を解凍するにも電子レンジを活用した。そんなある日、おばあさんの飼い猫が雨に濡れて震えていた。早く温めなければと、おばあさんは猫を電子レンジに入れスイッチをオン。と、ほどなく猫は爆音とともに死亡する。おばあさんは消費者センターに電話をかけ、事の顛末を説明した。そして「猫を乾かすために使用してはいけないと取扱説明書に書かれていなかった」とメーカーの落ち度を主張する。常識的には理解しがたい理不尽な言い分である。が、おばあさんがこの一件を提訴した結果、裁判所は、説明書に「猫を入れるな」と書かなかったメーカーに落ち度があるとして、多額の賠償金を支払うことを命じた。以降、電子レンジの取扱説明書には「生き物を入れないでください」との注意書きが記載されるようになった――。

これは1990年代、訴訟王国アメリカを象徴するように流布された都市伝説である。いくら機械音痴だったとしても、濡れた猫を電子レンジで温めるという発想は出てこないはずだ。が、2014年3月にはイギリス南ヨークシャー州で、飼い猫を電子レンジに入れ殺した女性が逮捕された事例もある。もちろん、これは意図的な虐待である。

また、実際にあった不可解な訴訟としては、1992年の「ホットコーヒー裁判」が有名だ。

米ニューメキシコ州で、おばあさんと孫がドライブスルーで朝食のセットを購入した。おばあさんが車を停めコーヒーカップを膝に挟んで蓋を開けたところ、誤ってコーヒーがこぼれ足に火傷を負った。おばあさんは火傷の直接的な原因こそ自分にあるとしながらも、そのコーヒーの熱さは異常であり、治療費の一部をバーガー店が補償すべきであるとの訴えを裁判所に提出。陪審員の評議により「訴訟と同様の苦情が多くあること」「店の提供するコーヒーが一般的なコーヒーメーカーより10度以上高温であること」「店員が注意を促さなかったこと」を理由に、バーガー店に286万ドル(当時の日本円で約3億円)の賠償支払いを命じる評定が下された。この事件の後、訴えを受けたバーガー店は、コーヒーカップに「VERY HOT!」の注意書きを表示するようになったそうだ。

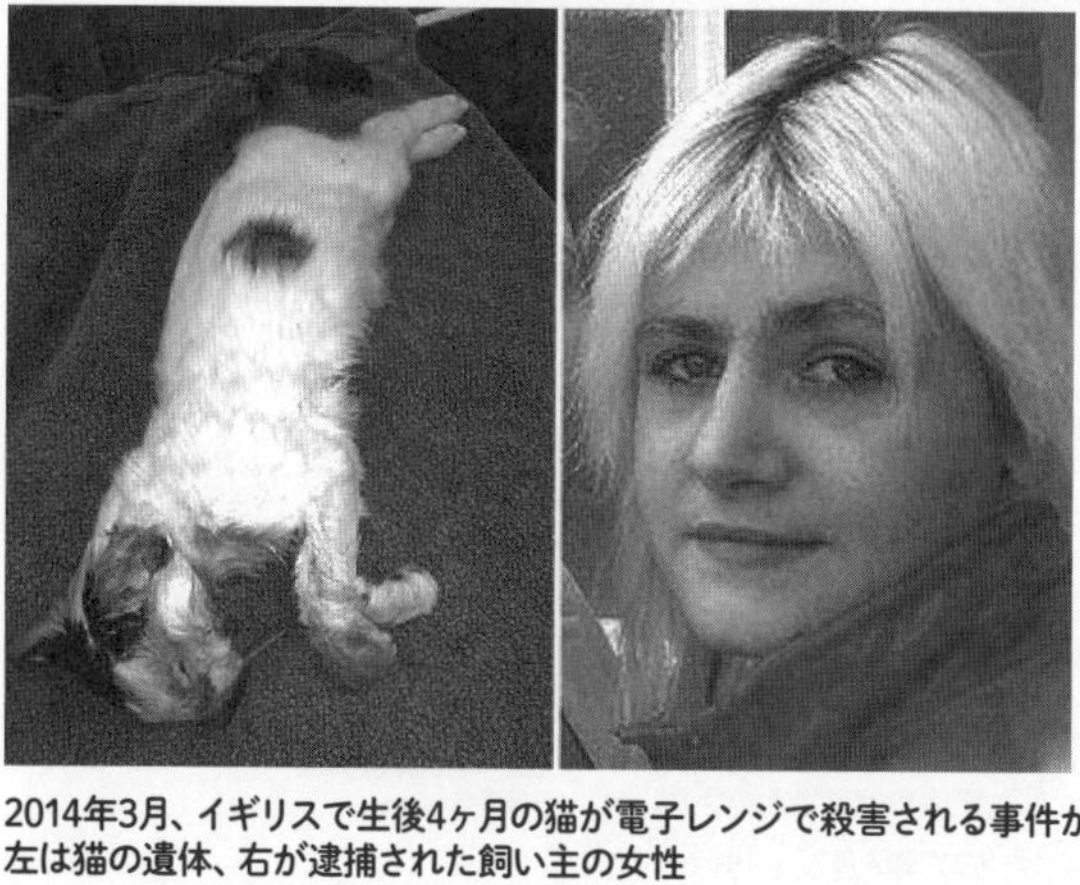

2014年3月、イギリスで生後4ヶ月の猫が電子レンジで殺害される事件が発生。左は猫の遺体、右が逮捕された飼い主の女性

女優・川上麻衣子の話が詐欺事件に発展

都市伝説

何千人もの裕福な日本人女性がプードルと偽った羊を買わされている

2007年4月26日、イギリスのタブロイド紙『サン』が、一つの詐欺事件を掲載した。なんでも、何千人もの裕福な日本人女性が、高価なミニチュア・プードルと偽って、毛を刈りこんだ羊を詐欺業者から買わされているのだという。これは日本人女優の川上麻衣子がテレビのトーク番組で、彼女の新しいプードルが吠えたり、ドッグフードを食べなかったことを披露したことから明るみになったもので、同紙はさらに、何百人の日本人女性が、札幌を拠点とした業者にプードルと偽って

事件を報じた2007年4月26日付けの『サン』

羊を売られたとして、警察に届け出たと報じた。

川上麻衣子が同年4月中旬に、当時フジテレビ系で放送されていたバラエティ番組「ごきげんよう」でプードルの話題を披露したことは間違いない。彼女によれば、プードルとして届いたはずが、餌を食べないために医者に診せたところ、羊だったことが判明したのだという。ただし、これはあくまで彼女が通っているネイルサロンで聞きつけた噂を話したもので、自身の体験ではない。にもかかわらず、彼女は日本のテレビ局はもちろん、CBSやCNNの他、オーストラリアやドイツなど世界のメディアから取材を受け、「とにかく驚いてる。実際に被害にあったような例は私は一件も知らない」と『サン』の報道を否定した。どうやら、同紙をはじめとした海外メディアは、日本人が羊のことをよく知らないと思いこみ、川上麻衣子がテレビ番組で「そういう噂を聞いた」と語った話を「彼女の友人が被害に遭った」、さらに「彼女自身が被害者」と変化させ報道したようだ。

プードルと羊は、毛の生え方、寝るときの足の折り方、犬歯や肉球のありなし、鼻の形など、数多くの違いがある。騙されて買わされるようなことは、まずありえない。が、この話は本当にデマなのだろうか。川上麻衣子自身も「噂が本当にあったことなのかどうか知りたい」とメディアに話している。ちなみに、作家の八木啓代はエッセイ『ラテン女のタフで優雅な生き方』（1998年刊）の中で、「プードルそっくりに毛を刈り込んだ羊」を実際にメキシコで見たことがあると記している。

都市伝説

マクドナルドはコストを抑えるためハンバーガーに怪しい原材料を使っている

1978年〜1982年頃、ファストフードチェーンの大手、マグドナルドがコスト削減のため、提供するハンバーガーにミミズの肉を怪しい原材料として使用しているという噂がアメリカで流れた。なんでも、店頭でハンバーガーを購入した1人の客が包み紙を開けようとしたところ、手をすべらせて床に落としてしまった。慌てて拾い上げると、肉の表面で何かが動いている。よくよく見れば、完全にミンチされていない状態のミミズだった。驚いた客が文句を言いにカウンターに行くと、そのまま奥のオフィスに通された。そして、マネージャーらしき男性が高額のドルを客に差し出し言った、

「今日のことは、どうか内密に」

口止め料というわけだが、この話は1990年代末には日本に入り、さも真実かのように囁かれた。しかし、そもそも食用ミミズ肉は牛肉の5倍のコストがかかり、下ごしらえも面倒。そんなものを使うことなどありえないと、マクドナルド本社は、これを自社を貶める悪質な噂として、食品の安全性を保証する農家の手紙を店舗に張り出したり、マクドナルドのハンバーガーが牛肉100％であることをテレビCMでアピールするなど対策を行った。

怪しい噂が絶えないマクドナルドのハンバーガー。写真はイメージ

　だが、マクドナルドのハンバーガーに関しては、牛の眼玉、ミュータント研究所の食肉、豚の脂肪、ウリのパイなど、使用する原材料に様々な噂がつきまとい、2017年1月には、イギリスの有名シェフが、マクドナルドを相手取った裁判で勝訴し、肉の正体が判明したというニュースがSNSで話題になった。記事によれば、マクドナルドは「本物の肉の代わりに、食用肉から出たくず肉、腱、脂肪、結合組織を混ぜたものから成るペースト状の生地と、アンモニアから作られたものを使用していたことが証明された」とのことだが、裁判の申し立て内容や判決日、どこで裁判をしたのか、また裁判で「証明」された「肉」がどこに流通しているのかについては全く記述がない。これも、マクドナルドへの誹謗中傷を目的としたフェイクニュースである可能性が高い。

中東風の民族衣装を着た外国人観光客のグループに中に我が子が

都市伝説

東京ディズニーランドで臓器売買目的の子供誘拐話が流れた理由

夢の国、東京ディズニーランド（ＴＤＬ）には数々の都市伝説があるが、中でも知られるのが人さらいに関する噂だ。

ＴＤＬに遊びに行った４人家族の息子が１人でトイレに入ったまま出てこない。心配した父親が中を捜したものの姿は見当たらない。その後、ＴＤＬスタッフの協力を得て園内を懸命に捜したが、やはりどこにも息子の姿はない。深刻な事態にＴＤＬ側は全ての出口を封鎖し、人の流れを注意深く監視する。

ほどなく、出口の一つに立っていた母親と娘の前を中東風の民族衣装を着た外国人観光客のグループが通り過ぎた。彼らの真ん中に、体を両側から抱えられている男の子がいた。なにげにその姿を見ていた母親は驚愕する。男の子が履いていた靴が、数日前に息子に買った靴と全く同じものだったからだ。

母親はスタッフとともに彼らに走り寄り、男の子の頭全体を覆っているローブを引き剥がした。と、現れたのは、髪の毛を金色のスプレーで染められ、カラーコンタクトを入れられた我が子。何か薬を飲まされたのか意識が朦朧としている。息子はすぐに医務室に運ばれ応急処置が施された。一方、スタッフに取り押さえられたグループは後の調べで、TDLを中心に子供を誘拐する犯罪集団だと判明。その目的は臓器売買だという。

この話は1990年代後半、日本中に出回り世の親を震え上がらせた。内容としては本書90ページで取り上げた「忽然と客の消えるブティック」と似ており、もともとは1980年代にアメリカのディズニーランドで生まれた噂が日本に入り形を変えたものだ。話がディテールに富み、当時はさも実際に起きた出来事のように伝えられたが、全くの作り話だ。ただ、日本で特にこの噂が拡散された背景には、緊急時以外は迷子の呼び出しをしないTDLのシステムがあるようだ。なんでも、迷子の呼び出しをパーク中に流してしまうと、せっかくの夢の国の雰囲気が崩れてしまうからだという。ちなみに、TDL内の不審者は入園から退園（JR舞浜駅の構内に入る）まで警備担当キャストの監視対象になるそうだ。

TDLには「夢の国」には似つかわしくない怖い噂が様々に流布されている

都市伝説

千代田線の国会議事堂前駅は核攻撃から身を守るための地下シェルター

深さ37.9メートルは東京メトロでダントツ

「国会議事堂前」は、丸の内線と千代田線が乗り入れる東京メトロの地下鉄駅だ。当駅は国会議事堂や中央官庁、皇居などに近いこと、そして千代田線の「国会議事堂前」が深さ37・9メートルに位置しているところから、国会議員や皇族が核攻撃から身を守るためのシェルターの機能を持つとの説がある。

現在、国会議事堂前駅と永田町駅、官邸・衆参議員会館・国会議事堂は地下通路でつながっており、国会議員や議員秘書、衆参議院職員などの関係者は、この地下を使って日常的に移動している。一般人が使用できないこの地下通路の存在が噂を生む素地にもなっているが、そもそもは60年安保闘争に根源があるとされる。1960年の日米安全保障条約改正時、それに反対する

千代田線国会議事堂駅前のホーム。
日本の地下鉄では3番目に深い場所に位置する

10万人以上の人々が「岸信介首相を国会に入れなければ、安保改正を阻止できる」と国会議事堂を包囲した。が、それでも、岸首相は国会に姿を現した。どうやって彼は包囲網を潜り抜けたのか？ その行動に憶測が憶測を呼び、国会や官邸周辺には秘密の地下通路があるという都市伝説が生まれた。

前記した地下通路の一部が完成するのは公には1963年。60年安保時には出来ておらず、岸首相がそれを利用することはありえない。とするのが常識的な考えだが、第二世界大戦下の1942年の時点で、首相官邸の地下には、本土への空襲に備えて官邸防空壕が作られており、そこには執務室・閣議室・書記官長室・秘書室・書記官室・機械室兼事務室の計6室と、外部につながる緊急避難用トンネルが整備された。また、官邸と国会議事堂の間にある道路の真下に中央防空壕を計画し掘削工事を進めていたものの、完成を待たずに終戦。工事がどこまで進んでいたのかは明らかにされていないが、仮に人が通れるレベルまで進んでいれば、60年安保の際に岸首相が極秘で行き来することは可能。政治の中枢に立地する国会議事堂前駅に都市伝説が生まれるのは自然な流れだった。

核シェルターに関しては、1991年に開業した都営大江戸線がその役割を担っているとの噂もある。同線は都内屈指の深い区間を走る路線で、東中野駅は38・8メートル、六本木駅は42・3メートルと、千代田線国会議事堂前駅を超える。ちなみに、40メートル以深の地下空間は通常の地下空間と区別されて大深度地下と呼ばれ、現在の東京では、大深度地下空間は鉄道や道路、下水施設などのインフラに活用されている他、地震などの災害から身を守るためにも有効と言われている。有事の際に、大江戸線が核シェルターに早変わりするという説は、あながち嘘ではないだろう。

都市伝説

タバコのラッキーストライクは広島への原爆投下を記念して生まれた

エノラ・ゲイ号の搭乗員が放った一言が名称の由来

2015年、リズムネタ「ラッスンゴレライ」でブレイクしたお笑いコンビ「8・6秒バズーカー」にネット上で一つの噂が流れた。コンビ名の「8・6秒」が広島に原子爆弾が投下された8月6日を意味し、歌詞の「ちょっと待って」のフレーズに関連して、B-29爆撃機に「チョットマッテ」という非公式愛称の機体が存在していることなどから、この曲が広島への原弾投下を揶揄しているのではないかというのだ。本人たちが噂を全否定したことでデマカセと判明したが、このように原爆投下が結びつけられた噂の代表格がタバコの「ラッキーストライク」である。

なんでも、ラッキーストライクという名称は、第二次世界大戦中に広島への原爆を投下直後にエノラ・ゲイの搭乗員が放った「ラッキーストライク!!」という言葉に由来しており、またパッケージが白いケースに赤い円が描かれ、その中に「ラッキーストライク」というロゴがあることから「日の丸」に爆弾を投下していることを暗示したデザインになっており、この箱をクシャクシャに丸めることで日本への戦意を高揚させたのだそうだ。

これも全くのデマである。そもそもラッキーストライクが発売されたのは、まだ日清戦争すら始まっていない1871年のこと。この時代、ゴールドラッシュに沸いたアメリカで、金脈を掘

日の丸を想起させるような
パッケージのデザインも噂の根拠に

り当てた者が叫んだ「ラッキーストライク」が由来である。また、今のパッケージになったのも1916年で、日の丸や原爆とは明らかに無関係だ。では、なぜこのような都市伝説が生まれたのか。

ラッキーストライクは戦後まもなく、高級な洋モクとして日本で販売され始めた。それが一気に国内に普及したのは1987年に関税が撤廃され、伊藤忠商事や住友商事という総合商社がこぞって外国産タバコを取り扱い始めてからだ。中でもラッキーストライクは日本のタバコよりカッコいいというイメージ戦略が展開されていくなかで、それに反発する愛国者が「反日都市伝説」を作り出したと言われる。

ちなみに、この時期、エノラ・ゲイ号の元パイロットが、〝最初の原爆投下〟などの言葉が書かれたTシャツやコーヒーカップ、原爆のキノコ雲に爆撃機をあしらった絵などの〝原爆投下記念グッズ〟を全米各地で売り歩いていることがわかった。日本人の神経を逆撫でするようなこの行為が、噂の流布を加速させた可能性は高い。

都市伝説

絶対にかけてはいけない電話番号

大半が「現在使われていません」

昔から電話に関する都市伝説は諸説あるが、有名なのが「○○につながる電話番号」や「かけたら死ぬ、事故に遭う」「幽霊がくる」などというもの。では、実際かけたらどうなるのか。2021年5月時点で検証した結果は以下のとおりだ。

073-499-9999（ドッペルゲンガーにつながる）

かけると、「ドッペルゲンガー」（自分とそっくりの姿をした分身）につながり、自分が言ったことをそのまま返してくる。**結果→無音。**

090-4444-4444（貞子が出る）

ホラー映画「リング」シリーズに登場する最凶キャラ貞子につながるという番号です。つながらなくとも、いったんかけると1週間以内に事故に遭う。**結果→「この電話番号は現在使われていません」**

090-444-4444という不気味な番号にかけると貞子につながるらしいが…。映画「リング」より

090‐0987‐6543（口裂け女につながる）

口元を完全に隠すほどのマスクをした若い女性が、学校帰りの子供に「私、きれい？」と聞いてくる。「きれい」と答えると「……これでも？」と言いながらマスクを外す。と、その口は耳元まで大きく裂けており、「きれいじゃない」と答えると包丁や鋏で斬り殺される――。1970年代後半に日本中を席巻した伝説の存在〝口裂け女〟につながり、お決まりのセリフ「私、きれい？」という言葉が聞こえてくるす。相手の言うことを肯定する返事をすると何もなく通話は終了するが、「きれいじゃない」「化け物」などと否定すると、電話口からナイフが飛び出し口を裂かれてしまう。**結果→「この電話番号は現在使われていません」**

012‐345‐6789（つながったら死ぬ）

電話をかけて、つながった場合は1週間以内に、つながったら1週間後には死んでしまう番号。結果は何度かけても話し中だった。ネットの情報によると、この番号、北海道にある新千歳空港の売店の番号だが、かけたら死ぬという噂が広まったことでイタズラ電話が増えたため、運用停止中とのこと。

0888‐888‐8888（番号の所有者が死亡する）

この番号の持ち主が亡くなる呪われた番号。**結果→「この電話番号は現在使われていません」**

0896‐23‐7974（怖い話が聞ける）

「おはぐろ兄さん泣くなよ」（0896237974）と読める、泣くほど怖い話が聞ける番号。**結果→「この電話番号は現在使われていません」**

知らなきゃよかった!
本当に怖い都市伝説

2022年8月20日　第1刷発行

著　者　鉄人社編集部

発行人　尾形誠規

発行所　株式会社 鉄人社
〒162-0801 東京都新宿区山吹町332オフィス87ビル3F
TEL 03-3528-9801　FAX 03-3528-9802
http://tetsujinsya.co.jp/

デザイン　鈴木　恵（細工場）

印刷・製本　新灯印刷株式会社

▶主要参考図書

都市伝説の正体 ―こんな話を聞いたことはありませんか?（祥伝社新書159）
世界の見方が変わる「陰謀の事件史」(PHP文庫)
知れば恐ろしい日本人の風習「夜に口笛を吹いてはならない」の本当の理由とは（河出文庫）

▶主要参考サイト

Wikipedia　Mysterious Universe　デイリー・メール　プレジデントオンライン　ライブドアニュース
ダイヤモンドオンライン　BANGer!!!　iRONNA　トカナ　YouTube　MUSEY MAG　worldfolksong.com
BuzzFeed News　LATTE/COLUMN　ELLE　TRiP EDiTOR　tenki.jp　Nano Town　サイゾーウーマン
耳マン　KKBOOX　都市伝説〜古今東西〜　スクリーン・オンライン　ムービーウォーカー　裏マザーグース
マジマジ情報局　これはヤバい!ディズニーやジブリの怖い都市伝説　カラオケUtaTen　Warakuueb
産経ニュース　朝日新聞デジタル　mysteriesrUnsolved,　Jcastニュース　Abamaニュース
Yahooニュース　Medical Tribune　MAG2NEWS　CINEMORE　エンタマトメ　シアター
その他、多くのサイト、資料を参考にさせていただきました。

ISBN978-4-86537-246-5　C0176　